설레는 **중국어**와의 **첫** 만남

두근두근 중국어 ②

시사중국어사

초판발행	2017년 3월 2일
1판 4쇄	2022년 4월 10일
저자	양영매, 진화진
감수	王启龙
책임 편집	최미진, 가석빈, 엄수연, 高霞
펴낸이	엄태상
디자인	진지화
콘텐츠 제작	김선웅, 김현이, 유일환
마케팅	이승욱, 왕성석, 노원준, 조인선, 조성민
경영기획	마정인, 조성근, 최성훈, 정다운, 김다미, 오희연
물류	정종진, 윤덕현, 양희은, 신승진
펴낸곳	시사중국어사(시사북스)
주소	서울시 종로구 자하문로 300 시사빌딩
주문 및 교재 문의	1588-1582
팩스	0502-989-9592
홈페이지	http://www.sisabooks.com
이메일	book_chinese@sisadream.com
등록일자	1988년 2월 13일
등록번호	제1 - 657호

ISBN 979-11-5720-059-7 14720
　　　 979-11-5720-057-3 (set)

＊ 이 책의 내용을 사전 허가 없이 전재하거나 복제할 경우 법적인 제재를 받게 됨을 알려 드립니다.
＊ 잘못된 책은 구입하신 서점에서 교환해 드립니다.
＊ 정가는 표지에 표시되어 있습니다.

머리말

최근 중국어의 중요성이 커짐에 따라 많은 사람들이 중국어 공부를 시작하고 있습니다. 간단한 기초 중국어 회화에서부터 고급 HSK까지 또는 전공 공부나 비즈니스, 취미생활 등 학습목표와 학습방법도 매우 다양해졌습니다.

본 교재는 대학에서 교양외국어로서의 중국어를 접하는 학생들이 기초 중국어 회화 및 기본적인 문법을 효과적으로 학습할 수 있도록 하였습니다.

다음과 같은 내용을 담았습니다.

1. '워밍업-1권 복습하기'에서는 1권의 기본문장 36구를 통해 기본적인 회화와 문법 사항들을 복습할 수 있도록 했습니다.

2. 각 과별로 3문장씩 제시되는 기본문장을 중심으로 문법 사항 학습 및 교체 연습을 학습할 수 있도록 구성했습니다.

3. 기본문장을 포함해 구성한 회화 본문 2개를 제시했습니다. 가장 자연스러운 표현들을 모아 간단하지만 실용적인 회화를 학습할 수 있습니다.

4. 각 과의 마지막 본문은 앞의 두 개의 회화 본문을 단문으로 전환시켜 제시하였습니다. 이로써 대화 형식뿐 아니라 서술문도 학습해볼 수 있습니다. 또한 본문 아래에 본문 내용을 활용해 자신의 상황에 맞추어 단문을 작성해볼 수 있도록 했습니다.

5. 연습문제의 쓰기, 읽기, 말하기 문제를 통해 기본문장 및 문법 사항을 복습할 수 있도록 했습니다.

6. 워크북의 간체자쓰기 코너에서는 본문에 등장한 기본 단어를 획순에 맞춰 직접 써볼 수 있도록 했습니다.

7. 워크북의 쓰기, 듣기 문제를 통해 교체 연습 및 추가 표현에 출현한 Plus 표현들을 복습할 수 있도록 했습니다.

외국어 학습에서 '회화'는 자신의 입에서 말로 나올 때 비로소 진정한 회화가 됩니다. 본 교재로 중국어를 익히는 학습자들이 제시된 기본문장 및 교체 연습을 반복 학습하고, 추가 표현을 익혀 진정한 '회화'를 이룰 수 있는 밑바탕이 되기를 바랍니다.

저자 양영매, 김화견

차례

- 머리말   3
- 수업계획표   6
- 이 책의 특징   8
- 워밍업-1권 복습하기   10

제1과 假期做什么了? Jiàqī zuò shénme le? 방학에 무엇을 했니?   16
- **Key Point** 是……的 구문 | 결과보어 | 정도보어1

제2과 假期过得怎么样? Jiàqī guò de zěnmeyàng? 방학 어떻게 보냈니?   30
- **Key Point** 동태조사1 了 | 정도보어2 | A是A, 可是……

제3과 一本多少钱? Yì běn duōshao qián? 한 권에 얼마예요?   44
- **Key Point** 가격 묻기 多少钱 | 给자문 | 비교문1 比

제4과 今年夏天太热了。Jīnnián xiàtiān tài rè le. 올해 여름은 너무 덥다.   60
- **Key Point** 선택의문문 还是 | 비교문2 没有 | 像……一样

제5과 我选了七门课。Wǒ xuǎn le qī mén kè. 나는 일곱 과목을 선택했어.   74
- **Key Point** 从……到…… | 조동사1 得 | 조동사2 能 | 이중목적어 동사 教

제6과 你哪儿不舒服? Nǐ nǎr bù shūfu? 너는 어디가 아프니?   88
- **Key Point** 越来越…… | 단순방향보어 | 시량보어

| 제7과 | 我住院了。 Wǒ zhùyuàn le. 나는 병원에 입원했어. | 102 |

Key Point 가능보어1 | 조동사3 可以 | 동량보어

| 제8과 | 我们请她吃饭吧。 Wǒmen qǐng tā chīfàn ba. 우리는 그녀를 초대해서 밥을 먹자. | 116 |

Key Point 동태조사2 着 | 겸어문1 请 | 겸어문2 让 | 현재 진행 正……呢

| 제9과 | 我把菜点好了。 Wǒ bǎ cài diǎnhǎo le. 나는 요리를 다 주문했어. | 130 |

Key Point 把자문 | 겸어문3 叫 | 복합방향보어

| 제10과 | 我的护照丢了。 Wǒ de hùzhào diū le. 내 여권을 잃어버렸어. | 142 |

Key Point 被자문 | 개사 向 | 가능보어2

| 제11과 | 我加入社团了。 Wǒ jiārù shètuán le. 나는 동아리에 가입했어. | 154 |

Key Point 현재 상태 在……(呢) | 부사 才 | 又……又……

| 제12과 | 平遥离北京远吗？ Píngyáo lí Běijīng yuǎn ma? 평요는 북경에서 머니? | 166 |

Key Point 개사 离 | 비교문3 不如 | 一点儿也不……

— 해석 및 정답 178

수업계획표

수업차시		주제	기본 문장
1/2주차	OT	1권 복습하기	
3주차	1과	假期做什么了? Jiàqī zuò shénme le? 방학에 무엇을 했니? 방학생활, 결과보어	1) 我是昨天回来的。 Wǒ shì zuótiān huí lái de. 나는 어제 돌아왔어. 2) 我做好了。 Wǒ zuò hǎo le. 나는 다 했어. 3) 你写得非常好。 Nǐ xiě de fēicháng hǎo. 너는 매우 잘 썼어.
4주차	2과	假期过得怎么样? Jiàqī guò de zěnmeyàng? 방학 어떻게 보냈니? 방학생활, 정도보어	1) 我参加了很多国际会议。 Wǒ cānjiā le hěn duō guójì huìyì. 나는 많은 국제회의에 참가했어. 2) 他讲课讲得非常好。 Tā jiǎngkè jiǎng de fēicháng hǎo. 그는 수업을 아주 잘해. 3) 他的课难是难，可是我很喜欢听。 Tā de kè nán shì nán, kěshì wǒ hěn xǐhuan tīng. 그의 수업은 어렵기는 어려운데, 그런데 나는 (그의 수업을) 듣는 것을 좋아
5주차	3과	一本多少钱? Yì běn duōshao qián? 한 권에 얼마예요? 가격묻기, 비교문(比)	1) 一本多少钱? Yì běn duōshao qián? 한 권에 얼마예요? 2) 我爸爸给我买了一台联想电脑。 Wǒ bàba gěi wǒ mǎi le yì tái Liánxiǎng diànnǎo. 우리 아빠는 나에게 레노버 컴퓨터를 한 대 사주셨어. 3) 无线鼠标比有线鼠标贵。 Wúxiàn shǔbiāo bǐ yǒuxiàn shǔbiāo guì. 무선 마우스는 유선 마우스보다 비싸.
6주차	4과	今年夏天太热了。 Jīnnián xiàtiān tài rè le. 올해 여름은 너무 덥다. 날씨표현, 비교문(没有)	1) 你喜欢北京的夏天还是首尔的夏天? Nǐ xǐhuan Běijīng de xiàtiān háishi Shǒu'ěr de xiàtiān? 너는 북경의 여름이 좋니 아니면 서울의 여름이 좋니? 2) 纽约的夏天没有北京热。 Niǔyuē de xiàtiān méiyǒu Běijīng rè. 뉴욕의 여름은 북경만큼 덥지 않아. 3) 一年四季都像春天一样。 Yì nián sìjì dōu xiàng chūntiān yíyàng. 일 년 사계절이 모두 봄과 같아.
7주차	5과	我选了七门课。 Wǒ xuǎn le qī mén kè. 나는 일곱 과목을 선택했어. 수강신청, 이중목적어 동사	1) 从星期一到星期四有课。 Cóng xīngqīyī dào xīngqīsì yǒu kè. 월요일부터 목요일까지 수업이 있어. 2) 我得准备毕业考试。 Wǒ děi zhǔnbèi bìyè kǎoshì. 나는 졸업 시험을 준비해야해. 3) 你能教我二胡吗? Nǐ néng jiāo wǒ èrhú ma? 너는 나에게 얼후를 가르쳐 줄 수 있니?
8주차			중간고사
9주차	6과	你哪儿不舒服? Nǐ nǎr bù shūfu? 어디가 아픈데? 아픈 곳 표현하기, 시량보어	1) 肚子越来越疼了。 Dùzi yuèláiyuè téng le. 배가 점점 아파. 2) 你能扶我下去吗? Nǐ néng fú wǒ xiàqù ma? 너는 나를 부축해서 내려갈 수 있어? 3) 在宿舍休息了一天。 Zài sùshè xiūxi le yì tiān. 기숙사에서 하루 쉬었어.

수업계획표

수업차시		주제	기본 문장
10주차	7과	我住院了。 Wǒ zhùyuàn le. 나는 병원에 입원했어. 병원입원, 가능보어	1) 我住得惯。 Wǒ zhù de guàn. 나는 입원이 익숙해졌어. 2) 你后天可以出院了。 Nǐ hòutiān kěyǐ chūyuàn le. 당신은 모레면 퇴원할 수 있습니다. 3) 每天吃三次，一次吃两片。 Měitiān chī sān cì, yí cì chī liǎng piàn. 매일 세 번, 한 번에 두 알씩 드세요.
11주차	8과	我们请她吃饭吧。 Wǒmen qǐng tā chīfàn ba. 우리는 그녀를 초대해서 밥을 먹자. 약속잡기, 겸어문	1) 我躺着看电视呢。 Wǒ tǎngzhe kàn diànshì ne. 나는 누워서 텔레비전을 보고 있어. 2) 我们请她吃饭吧。 Wǒmen qǐng tā chīfàn ba. 우리는 그녀를 초대해서 밥을 먹자. 3) 我正在路上呢。 Wǒ zhèng zài lùshang ne. 나는 한창 가고 있는 중이야.
12주차	9과	我把菜点好了。 Wǒ bǎ cài diǎnhǎo le. 나는 요리를 다 주문했어. 친구 만나기, 把자문	1) 我把菜点好了。 Wǒ bǎ cài diǎnhǎo le. 나는 요리를 다 주문했어. 2) 她叫我们先吃。 Tā jiào wǒmen xiān chī. 그녀는 우리에게 먼저 먹으라고 시켰어. 3) 我去拿过来。 Wǒ qù ná guò lái. 내가 가서 가지고 올게.
13주차	10과	我的护照丢了。 Wǒ de hùzhào diū le. 내 여권을 잃어버렸어. 물건 찾기, 被자문	1) 你的护照被小偷偷走了。 Nǐ de hùzhào bèi xiǎotōu tōu zǒu le. 네 여권은 소매치기에게 도둑맞은 것일거야. 2) 我已经向大使馆申请了护照。 Wǒ yǐjīng xiàng dàshǐguǎn shēnqǐng le hùzhào. 나는 이미 대사관에 여권을 신청했어. 3) 这次去不了香港。 Zhè cì qù bu liǎo Xiānggǎng. 이번에 홍콩에 갈 수 없어.
14주차	11과	我加入社团了。 Wǒ jiārù shètuán le. 나는 동아리에 가입했어. 동아리 가입하기, 현재 상태 표현	1) 你在看什么呢？ Nǐ zài kàn shénme ne? 너는 무엇을 보고 있니? 2) 你们怎么才告诉我。 Nǐmen zěnme cái gàosu wǒ. 너희들은 어째서 이제서야 나에게 알려주니? 3) 后边的那位又高又帅！ Hòubian de nà wèi yòu gāo yòu shuài! 뒤쪽에 저분은 키도 크고 잘 생겼다!
15주차	12과	平遥离北京远吗？ Píngyáo lí Běijīng yuǎn ma? 평요는 북경에서 머니? 여행 계획짜기, 비교문(不如)	1) 平遥离北京远吗？ Píngyáo lí Běijīng yuǎn ma? 평요는 북경에서 머니? 2) 那不如坐高铁去。 Nà bùrú zuò gāotiě qù. 그럼 고속철을 타고 가는 것보다 못하네. 3) 票一点儿也不紧张。 Piào yìdiǎnr yě bù jǐnzhāng. 표가 조금도 부족하지 않아.
16주차			기말고사

이 책의 특징

모든 것은 첫인상이 중요합니다. 〈두근두근 중국어1,2〉는 누구나 쉽고 재미있게 중국어를 배울 수 있는 것에 초점을 맞춘 교재입니다. 중국어 기본문장 72구로 기초중국어 완성! 중국어는 어렵지 않다는 것을 본 교재를 사용하는 학습자가 직접 느낄 수 있도록 구성하였습니다.

▶ **기본문장 & Key Point**
각 과 본문에 나오는 기본문장 3개를 미리 보여주고 그에 따른 어떤 중요한 문법을 배우는지 알려줍니다.

▶ **새로 나온 단어**
이번 과의 새로 나온 단어를 보고 듣고 읽어보며 학습합니다.

▶ **기본문장 알기**
각 과의 기본문장에 대해 간단하지만 핵심이 담긴 설명을 실어, 기본문장에 대해 숙지한 후 직접 문장활용 연습도 해볼 수 있습니다. 궁금증이 생길 때마다 나오는 TIP으로 중국어 고민을 해결해보세요.

 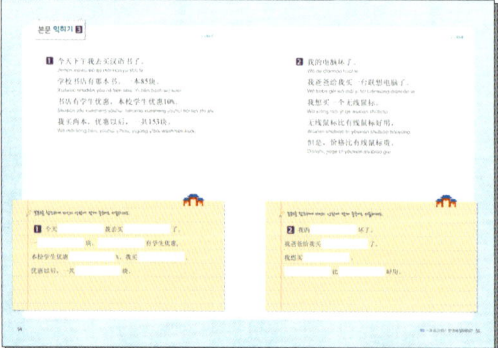

▶ **본문 익히기 1, 2, 3**
본문 익히기 1은 기본 회화, 본문 익히기 2는 확장 회화, 본문 익히기 3은 본문 익히기 1, 2를 활용한 단문으로 구성되어 있습니다. 체계적인 본문 구성을 통해 회화 실력을 한층 더 높일 수 있습니다. 또한 본문 익히기 1, 2, 3을 모두 학습한 후 본인의 상황에 맞게 이야기하고 토론 할 수 있도록 말하기 코너를 마련했습니다. 본문 사이사이 꿀팁도 잊지 마세요~

▶ **연습문제**

중국어 실력을 전반적으로 체크할 수 있는 문제로 구성되어 있어, 꼼꼼하게 풀어보면서 자신의 실력을 UP! 할 수 있습니다.

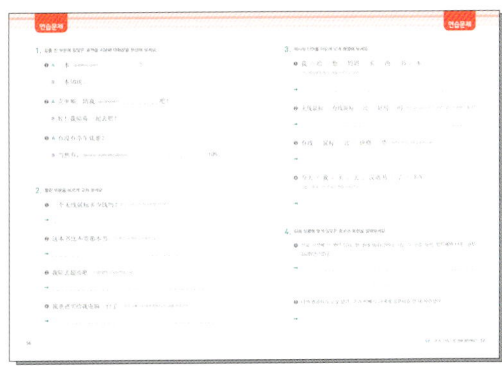

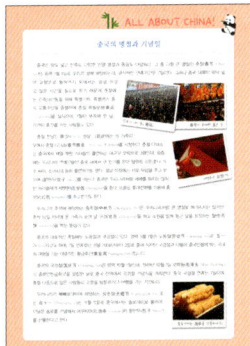

▶ **ALL ABOUT CHINA!**

중국어 시간을 즐겁게 마무리할 수 있는 쉬어가기 코너인 ALL ABOUT CHINA는 중국의 과거와 현재에 대해 좀 더 자세히 알 수 있는 페이지입니다. 재미있게 읽고 선생님, 친구들과 함께 토론도 해보세요!

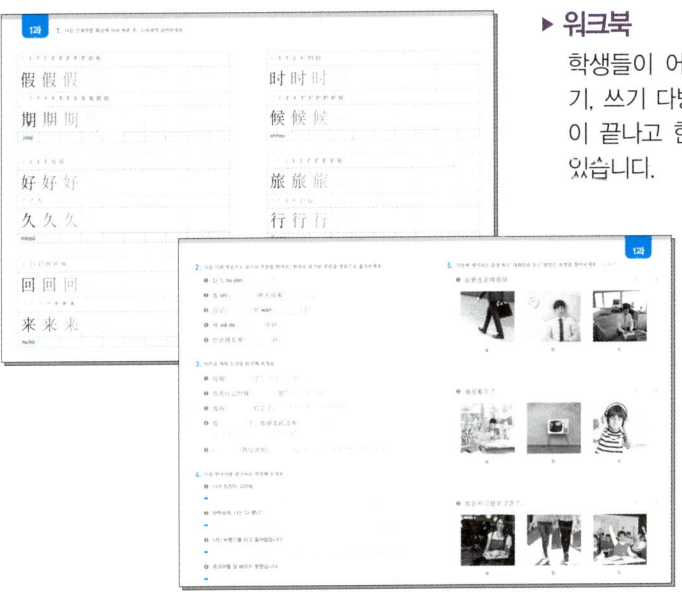

▶ **워크북**

학생들이 어려워하는 간체자 쓰기와 듣기, 읽기, 쓰기 다방면의 문제를 풀어볼 수 있어 수업이 끝나고 한 번 더 복습하는 시간을 가질 수 있습니다.

설레는 **중국어**와의 **첫 만남**

두근두근
중국어 ①

- 복습하기 -

+ 복습하기 🔍

1과

A 你好!
Nǐ hǎo!
안녕하세요!

B 你好!
Nǐ hǎo!
안녕하세요!

A 再见!
Zàijiàn!
안녕히 가세요!

B 明天见!
Míngtiān jiàn!
내일 만나요.

A 你好吗?
Nǐ hǎo ma?
당신은 잘 지내나요?

B 我很好! | 我不好。
Wǒ hěn hǎo!   Wǒ bù hǎo.
저는 잘 지내요!   저는 잘 지내지 못해요.

2과

A 你是学生吗?
Nǐ shì xuésheng ma?
당신은 학생인가요?

B 我是学生。 | 我不是学生。
Wǒ shì xuésheng.   Wǒ bú shì xuésheng.
저는 학생이에요.   저는 학생이 아니에요.

A 这是汉语书吗?
Zhè shì Hànyǔ shū ma?
이것은 중국어 책인가요?

B 这是汉语书。 | 这不是汉语书。
Zhè shì Hànyǔ shū.   Zhè búshì Hànyǔshū.
이것은 중국어 책이에요.   이것은 중국어 책이 아니에요.

A 那是什么?
Nà shì shénme?
저것은 무엇인가요?

B 那是汉语词典。
Nà shì Hànyǔ cídiǎn.
저것은 중국어 사전이에요.

3과

A 你叫什么名字?
Nǐ jiào shénme míngzi?
당신의 이름은 무엇인가요?

B 我叫朴海镇。
Wǒ jiào Piáo Hǎizhèn.
제 이름은 박해진이에요.

A 认识你，很高兴。
Rènshi nǐ, hěn gāoxìng.
당신을 알게 되어 매우 기뻐요.

B 认识你，我也很高兴。
Rènshi nǐ, wǒ yě hěn gāoxìng.
당신을 알게 되어 저도 매우 기뻐요.

A 你是哪国人?
Nǐ shì nǎ guó rén?
당신은 어느 나라 사람인가요?

B 我是韩国人。
Wǒ shì Hánguórén.
저는 한국 사람이에요.

+ 복습하기

4과

A 你在哪儿?
Nǐ zài nǎr?
당신은 어디에 있나요?

B 我在学校。
Wǒ zài xuéxiào.
저는 학교에 있어요.

A 你做什么?
Nǐ zuò shénme?
당신은 무엇을 하나요?

B 我做作业。
Wǒ zuò zuòyè.
저는 숙제를 하고 있어요.

A 你在哪儿做什么?
Nǐ zài nǎr zuò shénme?
당신은 어디에서 무엇을 하나요?

B 我在家看电视。
Wǒ zài jiā kàn diànshì.
저는 집에서 텔레비전을 보고 있어요.

5과

A 你家有几口人?
Nǐ jiā yǒu jǐ kǒu rén?
당신 집에 가족이 몇 명인가요?

B 我家有四口人。
Wǒ jiā yǒu sì kǒu rén.
우리 집에는 가족이 네 명이에요.

A 你家都有什么人?
Nǐ jiā dōu yǒu shénme rén?
당신 집은 가족구성원이 어떻게 되나요?

B 爸爸、妈妈、哥哥和我。
Bàba、māma、gēge hé wǒ.
아빠, 엄마, 형과 제가 있어요.

A 你有没有兄弟姐妹?
Nǐ yǒu méiyǒu xiōngdìjiěmèi?
당신은 형제자매가 있나요 없나요?

B 我有一个姐姐。
Wǒ yǒu yí ge jiějie.
저는 언니가 한 명 있어요.

6과

A 现在几点?
Xiànzài jǐ diǎn?
지금 몇 시인가요?

B 现在下午两点二十五分。
Xiànzài xiàwǔ liǎng diǎn èrshíwǔ fēn.
지금은 오후 2시 25분이에요.

A 你几点上课?
Nǐ jǐ diǎn shàngkè?
당신은 몇 시에 수업을 듣나요?

B 我十点半上课。
Wǒ shí diǎn bàn shàngkè.
저는 10시 반에 수업을 들어요.

A 明天星期几?
Míngtiān xīngqī jǐ?
내일은 무슨 요일이에요?

B 明天星期二。
Míngtiān xīngqī'èr.
내일은 화요일이에요.

+ 복습하기

7과

A 你今年多大?
Nǐ jīnnián duōdà?
당신은 올해 몇 살인가요?

B 我今年二十一(岁)。
Wǒ jīnnián èrshíyī (suì).
저는 올해 21살이에요.

A 你的生日是几月几号?
Nǐ de shēngrì shì jǐ yuè jǐ hào?
당신의 생일은 몇 월 며칠인가요?

B 我的生日是十二月二十四号。
Wǒ de shēngrì shì shí'èr yuè èrshísì hào.
제 생일은 12월 24일이에요.

A 我们去哪儿吃饭?
Wǒmen qù nǎr chīfàn?
우리 어디에 가서 밥을 먹을까요?

B 我们去北京饭店吃饭吧。
Wǒmen qù Běijīng fàndiàn chīfàn ba.
우리 북경호텔에 가서 밥을 먹읍시다.

8과

A 你饿不饿?
Nǐ è bu è?
당신은 배가 고파요 안 고파요?

B 我很饿。　｜　我不饿。
Wǒ hěn è.　　　Wǒ bú è.
저는 매우 배가 고파요.　저는 배가 안 고파요.

A 你想吃什么?
Nǐ xiǎng chī shénme?
당신은 무엇을 먹고 싶나요?

B 我想吃铁板牛肉。
Wǒ xiǎng chī tiěbǎn niúròu.
저는 철판소고기볶음이 먹고 싶어요.

A 我们尝尝吧!
Wǒmen chángchang ba!
우리 맛 좀 봐요!

B 好吧。
Hǎo ba.
좋아요.

9과

A 你最近怎么样?
Nǐ zuìjìn zěnmeyàng?
당신은 요즘 어떤가요?

B 我最近很忙。
Wǒ zuìjìn hěn máng.
저는 요즘 매우 바빠요.

A HSK难不难?
HSK nán bu nán?
HSK는 어려워요 안 어려워요?

B HSK太难了!
HSK tài nán le!
HSK는 너무 어려워요!

A 有没有小一点儿的?
Yǒu méiyǒu xiǎo yìdiǎnr de?
조금 작은 것 있어요 없어요?

B 有，这是小一点儿的。
Yǒu, zhè shì xiǎo yìdiǎnr de.
있어요, 이것이 좀 작은 것이에요.

+ 복습하기

10과

A 明天，你打算做什么?
Míngtiān, nǐ dǎsuan zuò shénme?
내일 당신은 무엇을 할 예정인가요?

B 我打算去看电影。
Wǒ dǎsuan qù kàn diànyǐng.
저는 영화를 볼 예정이에요.

A 周末你做什么了?
Zhōumò nǐ zuò shénme le?
주말에 당신은 무엇을 했나요?

B 周末我和朋友一起去逛街了。
Zhōumò wǒ hé péngyou yìqǐ qù guàngjiē le.
주말에 저는 친구와 함께 아이쇼핑을 했어요.

A 那边都有什么?
Nàbiān dōu yǒu shénme?
그쪽에 무엇이 있나요?

B 那边有很多小店，还有很多餐厅。
Nàbiān yǒu hěn duō xiǎodiàn, hái yǒu hěn duō cāntīng.
그쪽에는 작은 가게도 많고, 또 식당도 많아요.

11과

A 你去过故宫吗?
Nǐ qù guo Gùgōng ma?
당신은 고궁에 가본 적이 있나요?

B 我没去过故宫。
Wǒ méi qù guo Gùgōng.
저는 고궁에 가본 적이 없어요.

A 他妹妹怎么样?
Tā mèimei zěnmeyàng?
그의 여동생은 어때요?

B 漂亮极了！
Piàoliang jí le!
정말 아름다워요!

A 谁陪我去?
Shéi péi wǒ qù?
누가 저와 함께 가시나요?

B 我陪你去吧。
Wǒ péi nǐ qù ba.
제가 당신과 함께 갈게요.

12과

A 他会说汉语吗?
Tā huì shuō Hànyǔ ma?
그는 중국어를 말할 수 있어요?

B 他不会说汉语。
Tā bú huì shuō Hànyǔ.
그는 중국어를 말할 수 없어요.

A 你们怎么交流?
Nǐmen zěnme jiāoliú?
당신들은 어떻게 교류를 하나요?

B 有时候说英语，有时候说汉语。
Yǒushíhou shuō Yīngyǔ, yǒushíhou shuō Hànyǔ.
어떤 때는 영어로 말하고, 어떤 때는 중국어로 말해요.

A 你要学什么?
Nǐ yào xué shénme?
당신은 무엇을 배우려고 하나요?

B 我要学那首歌。
Wǒ yào xué nà shǒu gē.
저는 그 노래를 배우려고 해요.

〈두근두근 중국어1, 2〉 주인공 소개

박해진(朴海镇; 한국인, 21살)

훈내 폴폴~ 외모부터 성격까지 완벽 훈남에, 공부까지 잘하는 한국인 유학생

양도희(梁㝵喜; 한국인, 20살)

발랄하고 활달한 성격에, 귀여움은 덤! 한국인 유학생 도희.

장리훙(张丽红; 중국인, 21살)

귀하게 자란 느낌의 참한 중국인 여대생. 공부도 잘하는 범생이!

크리스(克里斯; 미국인, 22살)

해진의 룸메이트로 운동을 좋아하는 말썽꾸러기 같지만 열공하는 착실한 훈남

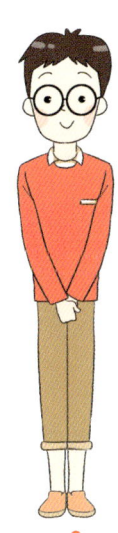

리천(李晨; 중국인, 24살)

조용하고 차분한 성격의 모범생 중국인 대학생. 공부는 내게 맡겨라!

왕 선생님(王老师; 중국인, 50살)

한없이 인자하신 대외한어과 선생님. 30년의 나이차이를 무색하게 하는 훌륭한 중국어 친구!

1과

假期做什么了？
Jiàqī zuò shénme le?

방학에 무엇을 했니?

기본문장

1. **我**是昨天回来的。
Wǒ shì zuótiān huílái de.
나는 어제 돌아왔어.

2. **我**做好了。
Wǒ zuòhǎo le.
나는 다 했어.

3. **你**写得非常好。
Nǐ xiě de fēicháng hǎo.
너는 매우 잘 썼어.

Key Point

是……的 구문

결과보어

정도보어1

새로 나온 단어 🎧 01-1

- 什么时候   shénme shíhou   언제, 어느 때
  ※ 时候 shíhou 명 때, 시각, 무렵 | ……(的)时候 ……de shíhou ~할 때
- 回来   huílái   동 돌아오다
- 假期   jiàqī   명 방학, 휴가
- 补习班   bǔxíbān   명 학원
- 麦当劳   Màidāngláo   명 맥도날드
- 打工   dǎgōng   동 아르바이트 하다 명 아르바이트
- 好   hǎo   형 (동사 뒤에 사용되어) 동작이 잘 완성되었거나 잘 마무리 되었음을 나타냄
- 写   xiě   동 (글씨를) 쓰다, 작문하다
- 得   de   조 동사나 형용사 뒤에 쓰여 결과나 정도를 나타내는 보어와 연결 시킴
- 非常   fēicháng   부 대단히, 매우, 심히, 아주
- 夸奖   kuājiǎng   동 칭찬하다
- 今天   jīntiān   명 오늘
- 早上   zǎoshang   명 아침
- 回国   huíguó   동 귀국하다
- 用   yòng   동 사용하다
- 旅行   lǚxíng   동 여행하다
- 日记   rìjì   명 일기

기본문장 알기

🎧 01-2

1
我是昨天回来的。

Wǒ shì zuótiān huílái de. ▶ 나는 어제 돌아왔어.

Key Point 과거강조 是……的

① '是……的'는 이미 발생한 과거 사실을 강조하는 표현으로 부정문은 '不是……的'이다.

기본 형식   是 + 강조 내용 + 的

긍정문	我**是**昨天回来**的**。 Wǒ shì zuótiān huílái de. 나는 어제 돌아왔어.
부정문	我**不是**昨天回来**的**。 Wǒ bú shì zuótiān huílái de. 나는 어제 돌아오지 않았어.
의문문	你**是**昨天回来**的**吗? Nǐ shì zuótiān huílái de ma? 너는 어제 돌아왔니?

② 강조하고자 하는 내용 앞에 '是'를 사용한다.

사람 강조	(**是**)我昨天坐飞机来首尔的。 (Shì) wǒ zuótiān zuò fēijī lái Shǒu'ěr de.
시간 강조	我(**是**)昨天坐飞机来首尔的。 Wǒ (shì) zuótiān zuò fēijī lái Shǒu'ěr de.
방식 강조	我昨天(**是**)坐飞机来首尔的。 Wǒ zuótiān (shì) zuò fēijī lái Shǒu'ěr de.
장소 강조	我昨天坐飞机(**是**)来首尔的。 Wǒ zuótiān zuò fēijī (shì) lái Shǒu'ěr de.

③ 과거의 사실을 강조하지만, '了'와 함께 사용할 수 없다.

예문 (O) 我是昨天回来的。 Wǒ shì zuótiān huílái de. 나는 어제 돌아왔어.
(X) 我是昨天回来了的。

문장 활용하기

我		昨天回来	
我爸爸	+ 是 +	坐飞机回来	+ 的。
我们		在北京饭店住	
他		去年学习汉语	

단어 坐 zuò 동 앉다, (교통 수단을) 타다 / 飞机 fēijī 명 비행기 / 首尔 Shǒu'ěr 고유 서울 / 住 zhù 동 숙박하다, 머무르다 / 去年 qùnián 명 작년

🎧 01-3

2. 我做好了。

Wǒ zuòhǎo le. ▶ 나는 다 했어.

Key Point 결과보어

① 결과보어는 동작의 결과를 나타내는 것으로, '동사(동작) + 형용사(결과상태)' 형태로 사용된다.
② 완성된 결과 상태를 나타내는 형용사에는 '好', '完' 등이 있으며, 과거를 나타내므로 뒤에는 '了'를 넣는다.
③ 결과 상태의 부정이므로, 부정형은 '没有'를 사용하고, '了'는 뺀다.

기본 형식 동사 + 결과보어 + 了

긍정문	我做好了。 Wǒ zuòhǎo le. 나는 다 했어.
부정문	我（还）没有做好。 Wǒ (hái) méiyǒu zuòhǎo. 나는 (아직) 다 하지 못했어.
의문문	你做好了吗? Nǐ zuòhǎo le ma? 너는 다 했니?

문장 활용하기

作业		做		好		了。
早饭	+	吃	+	好	+	了。
日记		写		完		了。
电视		看		完		了。

Tip!

• 결과보어로 사용되는 형용사는 주로 다음과 같은 것이 있다.

형용사	예문
错 cuò 틀리다	这个字我写错了。 Zhè ge zì wǒ xiěcuò le. 이 글자는 내가 잘못 썼다.
懂 dǒng 이해하다	老师的话，我听懂了。 Lǎoshī de huà, wǒ tīngdǒng le. 선생님 말씀, 제가 다 듣고 이해했습니다.
干净 gānjìng 깨끗하다	我擦干净了黑板。 Wǒ cā gānjìng le hēibǎn. 나는 칠판을 깨끗하게 닦았다.
清楚 qīngchu 분명하다	大家都看清楚了吗? Dàjiā dōu kàn qīngchu le ma? 여러분 모두 분명하게 보았습니까?

단어 完 wán 형 다하다 동 완성하다 / 早饭 zǎofàn 명 아침밥 / 字 zì 명 글자, 문자 / 话 huà 명 말 / 擦 cā 동 (수건, 걸레 등으로) 닦다, 문지르다 / 黑板 hēibǎn 명 칠판

🎧 01-4

3 你写得非常好。

Nǐ xiě de fēicháng hǎo. ▶ 너는 매우 잘 썼어.

Key Point   정도보어1

① 정도보어는 동사나 형용사 뒤에 조사 '得'와 함께 놓여 동작 또는 상태의 결과가 어떠한 정도에 이르렀는지를 나타낸다.

기본 형식	동사/형용사 + 得 + 형용사
긍정문	你写得非常好。Nǐ xiě de fēicháng hǎo. 너는 매우 잘 썼어.
부정문	你写得不好。Nǐ xiě de bù hǎo. 너는 못 썼어.
의문문	① 我写得好吗? Wǒ xiě de hǎo ma? 내가 쓴 것이 괜찮니? ② 我写得好不好? Wǒ xiě de hǎo bu hǎo? 내가 쓴 것이 괜찮니 안 괜찮니? ③ 我写得怎么样? Wǒ xiě de zěnmeyàng? 내가 쓴 것이 어때?

② 정도보어는 '很, 非常, 太, 真' 등의 정도부사의 수식을 받을 수 있다.

예문 你说得快。Nǐ shuō de kuài. 너는 말하는 것이 빠르다.
　　　你说得很快。Nǐ shuō de hěn kuài. 너는 말하는 것이 정말 빠르다.
　　　你说得非常快。Nǐ shuō de fēicháng kuài. 너는 말하는 것이 매우 빠르다.
　　　你说得真快。Nǐ shuō de zhēn kuài. 너는 말하는 것이 진짜 빠르다.

문장 활용하기

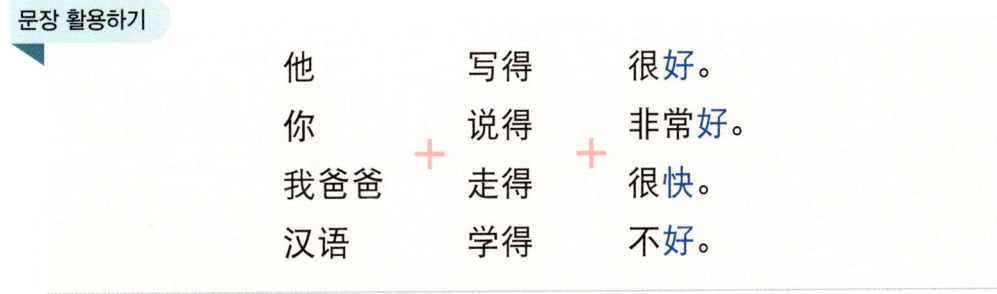

- 형용사의 정도를 강조하는 표현에는 다음과 같은 것도 있다.

……死了 ……sǐ le ~해 죽겠다	累**死了**。 Lèi sǐ le. 피곤해 죽겠다. 忙**死了**。 Máng sǐ le. 바빠 죽겠다. 热**死了**。 Rè sǐ le. 더워 죽겠다.
……极了 ……jí le 대단히 ~	好**极了**。 Hǎo jí le. 대단히 좋다. 漂亮**极了**。 Piàoliang jí le. 대단히 아름답다. 高兴**极了**。 Gāoxìng jí le. 대단히 기쁘다.

단어 真 zhēn 부 진짜로, 정말로 / 快 kuài 형 빠르다 / 死 sǐ 동 죽다 형 극에 달하다, ~해 죽겠다

본문 익히기 1

🎧 01-5

梁导喜 丽红，你好！好久不见！
Lìhóng, nǐ hǎo! Hǎojiǔ bújiàn!

张丽红 你好，导喜。你是什么时候回来的？
Nǐ hǎo, Dǎoxǐ. Nǐ shì shénme shíhou huílái de?

梁导喜 我是昨天回来的。❶
Wǒ shì zuótiān huílái de.

> 寒假 hánjià 겨울방학
> 暑假 shǔjià 여름방학

张丽红 你假期做什么了？
Nǐ jiàqī zuò shénme le?

> 大学 dàxué 대학교
> 本科 běnkè 4년제 대학교
> 专科 zhuānkè 전문 대학교(2,3년제)
> 学院 xuéyuàn 단과 대학교

梁导喜 我在补习班学汉语了。你呢？
Wǒ zài bǔxíbān xué Hànyǔ le. Nǐ ne?

张丽红 我在麦当劳打工了。
Wǒ zài Màidāngláo dǎgōng le.

01 假期做什么了？ 방학에 무엇을 했니？

본문 익히기 2

🎧 01-6

梁导喜　海镇，假期的作业，你做好了吗？
　　　　Hǎizhèn, jiàqī de zuòyè, nǐ zuòhǎo le ma?

朴海镇　我做好了。❷　你呢？
　　　　Wǒ zuòhǎo le.　　Nǐ ne?

梁导喜　我还没有做好。这是你的作业吗？
　　　　Wǒ hái méiyǒu zuòhǎo.　Zhè shì nǐ de zuòyè ma?

朴海镇　是。我写得怎么样？
　　　　Shì.　Wǒ xiě de zěnmeyàng?

梁导喜　你写得非常好。❸
　　　　Nǐ xiě de fēicháng hǎo.

朴海镇　谢谢你的夸奖。
　　　　Xièxie nǐ de kuājiǎng.

'A가 B를 칭찬하다'의 경우, 'A夸(kuā, 칭찬하다)B'를 사용한다.

예 (1) 老师夸我的作业写得很好。
　　　Lǎoshī kuā wǒ de zuòyè xiě de hěn hǎo.
　　　선생님은 내 숙제가 아주 잘 써졌다고 칭찬하셨다.
(2) 他夸我很帅。
　　Tā kuā wǒ hěn shuài.
　　그는 내가 잘생겼다고 칭찬했다.

본문 익히기 3

🎧 01-7

1 今天早上我见我朋友导喜了。
Jīntiān zǎoshang wǒ jiàn wǒ péngyou Dǎoxǐ le.

她是昨天回来的。
Tā shì zuótiān huílái de.

这个假期，我在麦当劳打工了，
Zhè ge jiàqī, wǒ zài Màidāngláo dǎgōng le,

导喜回国在补习班学汉语了。
Dǎoxǐ huíguó zài bǔxíbān xué Hànyǔ le.

✏️ 본문3을 참조하여 자신의 상황에 맞게 중국어로 서술하세요.

1 ＿＿＿＿＿＿ 我见 ＿＿＿＿＿＿ 了。

＿＿＿＿＿ 是 ＿＿＿＿＿ 回来的。

这个假期，我在 ＿＿＿＿＿ 打工了。

＿＿＿＿＿ 了。

본문 익히기 3

🎧 01-8

2 这个假期我们有一个作业，
Zhè ge jiàqī wǒmen yǒu yí ge zuòyè,

就是用汉语写旅行日记。
jiùshì yòng Hànyǔ xiě lǚxíng rìjì.

我做好了，我朋友导喜还没有做好。
Wǒ zuòhǎo le, wǒ péngyou Dǎoxǐ hái méiyǒu zuòhǎo.

她说我的旅行日记写得非常好。
Tā shuō wǒ de lǚxíng rìjì xiě de fēicháng hǎo.

✏️ 본문3을 참조하여 자신의 상황에 맞게 중국어로 서술하세요.

2 我们有一个作业，就是 _____ 。

我 _____ 了，我朋友 _____ 。

我朋友说 _____ 。

연습문제

1. 밑줄 친 부분에 알맞은 표현을 사용해 대화문을 완성해 보세요.

   ❶ A 你是什么时候回来的？

   　　B 我 (shì zuótiān huílái de) _____。

   ❷ A 作业，你 (zuòhǎo le ma) _____？

   　　B 我还没有做好。

   ❸ A 我的作业写得怎么样？

   　　B (Nǐ xiě de fēicháng hǎo) _____。

2. 틀린 부분을 바르게 고쳐 보세요.

   ❶ 我是昨天回来。 나는 어제 돌아왔어.

   → _____

   ❷ 我不做好了。 나는 아직 다 하지 못했어.

   → _____

   ❸ 他写非常好。 그는 정말 잘 썼다.

   → _____

   ❹ 我学汉语了在补习班。 나는 학원에서 중국어를 공부했어.

   → _____

01 假期做什么了？ 방학에 무엇을 했니？

연습문제

3. 제시된 단어를 어순에 맞게 배열해 보세요.

❶ 什么时候 / 你 / 回来 / 的 / 是 너는 언제 돌아왔니?

→ _____

❷ 夸奖 / 的 / 谢谢 / 你 너의 칭찬 고마워.

→ _____

❸ 用 / 汉语 / 作业 / 是 / 写 / 日记 숙제는 중국어를 사용해 일기를 쓰는 것이다.

→ _____

❹ 作业 / 假期 / 的 / 你 / 好 / 做 / 了 / 吗 방학숙제, 너는 다 했니?

→ _____

4. 아래 상황에 맞게 알맞은 중국어 표현을 말해보세요.

❶ 이번 방학에 나는 맥도날드에서 아르바이트를 했고, 도희는 귀국해서 학원에서 중국어를 배웠다.

→ _____

❷ 이번 방학에 우리는 숙제가 하나 있었는데 바로 중국어를 사용해 여행일기를 쓰는 것이다.

→ _____

ALL ABOUT CHINA!

중국의 명절과 기념일

중국은 땅도 넓고 민족도 다양한 만큼 명절과 풍습도 다양하다. 그 중 가장 큰 명절인 춘절(春节 Chūn Jié)은 음력 1월 1일로 우리의 설에 해당하는데, 공식적인 연휴기간은 7일이다. 그러나 중국 대륙이 워낙 넓어 고향으로 돌아가기 위해서는 상상 이상의 많은 시간을 필요로 하기 때문에 춘절에는 민족대이동을 위해 특별기차, 특별버스 등의 교통수단을 증설하여 춘절 특별운행(春运 Chūnyùn)을 실시하며, 7일이 부족해 한 달 가까이 휴가를 내는 사람들도 있다.

민족의 대이동, 春运! / 春节의 화려한 붉은 등

춘절 전날인 除夕(Chúxī 섣달 그믐날)에는 온 가족이 모여서 춘절 디너쇼(春节晚会 Chūn Jié Wǎnhuì)를 시청한다. 춘절 디너쇼는 중국에서 제일 핫한 스타들이 출연하는 대규모 오락프로그램인데, 요즘에는 우리나라 연예인들이 중국 내에서 큰 인기를 얻어 탤런트 이민호나 가수 싸이, 소녀시대 등이 출연하기도 했다. 설날 아침에는 서로 덕담을 주고 받으며 (물)만두(饺子 jiǎozi)를 먹는다. 중국은 우리나라처럼 세배를 하지는 않지만 아이들에게 세뱃돈(压岁钱 yāsuìqián)을 붉은 봉투인 홍바오에 넣어서 준다.

세뱃돈은 红包에!

우리나라 추석에 해당하는 중추절(中秋节 Zhōngqiū Jié)은 우리나라처럼 큰 명절로 여기지는 않지만, 추석 당일 저녁에 온 가족이 모여 달 구경(赏月 shǎngyuè)을 하고 소원을 빌며 둥근 달을 상징하는 월병(月饼 yuèbǐng)을 먹는 풍습이 있다.

중국의 대표적인 휴일에는 노동절과 국경절이 있다. 양력 5월 1일은 노동절(劳动节 Láodòng Jié)로 '五一(Wǔyī)'라고도 하며, 7일 연휴였던 것을 2008년부터 3일로 줄여서 쉬지만 국경절과 더불어 중국인들에게는 국내외 여행을 가는 대표적인 황금주간(黄金周 huángjīnzhōu)이다.

중국의 국경절(国庆节 Guóqìng Jié)은 양력 10월 1일이다. 1949년 10월 1일 모택동(毛泽东 Máo Zédōng)이 중화인민공화국을 설립한 날로 중국 전역에서 국경절 기념식을 개최한다. 중국 국경절 연휴는 7일이며, 춘절 다음으로 많은 사람들이 고향을 방문하거나 여행을 가는 기간이다.

우리나라의 빼빼로데이에 해당하는 11월 11일은 중국에서는 광꾼절(光棍节 Guānggùn Jié 또는 双十一 Shuāngshíyī) 솔로데이로 통하며, 이날은 솔로를 기념해서 여우티아오(油条 yóutiáo)와 왕만두(包子 bāozi)를 선물한다.

솔로에게는 油条를 선물하세요!

2 과

假期过得怎么样？
Jiàqī guò de zěnmeyàng?

방학 어떻게 보냈니?

기본문장

1. **我参加了很多国际会议。**
   Wǒ cānjiā le hěn duō guójì huìyì.
   나는 많은 국제회의에 참가했어.

2. **他讲课讲得非常好。**
   Tā jiǎngkè jiǎng de fēicháng hǎo.
   그는 수업을 아주 잘해.

3. **他的课难是难，可是我很喜欢听。**
   Tā de kè nán shì nán, kěshì wǒ hěn xǐhuan tīng.
   그의 수업은 어렵기는 어려운데, 그런데 나는 (그의 수업을) 듣는 것을 좋아해.

Key Point

동태조사1 了

정도보어2

A是A, 可是……

새로 나온 단어 🎧 02-1

- ☐ 过　　　guò　　　동 지내다, 쇠다
- ☐ 有意思　yǒu yìsi　형 재미있다, 흥미있다
  - ↔ 没有意思 méiyǒu yìsi 동 재미없다, 흥미없다
- ☐ 参加　　cānjiā　　동 참가하다, 참석하다
- ☐ 了　　　le　　　　조 동작의 완성을 나타냄
- ☐ 多　　　duō　　　형 많다　부 얼마나
- ☐ 国际　　guójì　　명 국제
- ☐ 会议　　huìyì　　명 회의
- ☐ 日本　　Rìběn　　명 일본
- ☐ 法国　　Fǎguó　　명 프랑스
- ☐ 哇　　　wā　　　감 와
- ☐ 真　　　zhēn　　부 참으로, 진실로, 실제로
- ☐ 厉害　　lìhai　　형 대단하다, 굉장하다
- ☐ 学期　　xuéqī　　명 학기
- ☐ 讲课　　jiǎngkè　동 강의하다, 수업하다
  - ※ 讲 jiǎng 동 강의하다, 말하다
- ☐ 为什么　wèishénme　부 왜, 무엇 때문에, 어째서
- ☐ 因为　　yīnwèi　　접 왜냐하면
- ☐ 啊　　　a　　　　조 문장 끝에 쓰여 긍정·감탄·의문을 나타냄
- ☐ 为了　　wèile　　개 ~를 위하여

기본문장 알기

🎧 02-2

1. 我参加了很多国际会议。
Wǒ cānjiā le hěn duō guójì huìyì. ▶ 나는 많은 국제회의에 참가했어.

Key Point 동태조사1 了

① 동태조사 '了'는 동사 뒤에 쓰여 동작의 실현이나 완성을 나타낸다.
② 부정형은 '没有'이며, 부정형에는 '了'를 사용하지 않는다.

기본 형식 동사 + 了 + (목적어)

긍정문	我参加了那个国际会议。 Wǒ cānjiā le nà ge guójì huìyì. 나는 그 국제회의에 참가했어.
부정문	我没有参加那个国际会议。 Wǒ méiyǒu cānjiā nà ge guójì huìyì. 나는 그 국제회의에 참가하지 않았어.
의문문	你参加了那个国际会议吗? Nǐ cānjiā le nà ge guójì huìyì ma? 너는 그 국제회의에 참가했어?

③ 동태조사 '了'는 과거, 현재, 미래 시제에 사용할 수 있다. 동태조사 '了'가 미래에 쓰일 경우, 한 동작이 끝나고 다음 동작이 이어지는 경우에 사용되며, 이 때 '了'는 앞에 오는 동사 뒤에 놓인다.

과거	昨天我参加了一个国际会议。 Zuótiān wǒ cānjiā le yí ge guójì huìyì. 어제 나는 국제 회의에 참가 했어.
현재	今天我参加了一个国际会议。 Jīntiān wǒ cānjiā le yí ge guójì huìyì. 오늘 나는 국제회의에 참가해.
미래	明天上午我参加了一个国际会议就去你那儿。 Míngtiān shàngwǔ wǒ cānjiā le yí ge guójì huìyì jiu qù nǐ nùr. 내일 오전에 나는 국제회의에 참가하고 바로 네 쪽으로 갈게.

문장 활용하기

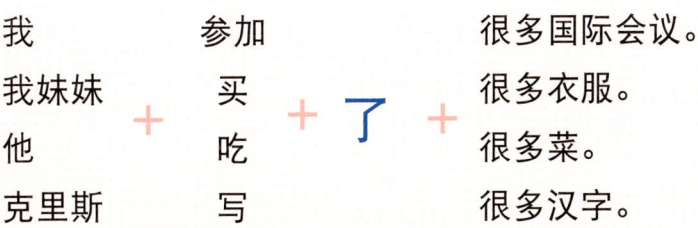

02 假期过得怎么样? 방학 어떻게 보냈니?

> **Tip!**
> - 동작이 습관적이거나 반복해서 자주 발생할 경우 동태조사 '了'를 사용하지 않는다.
>
> 예문 ① (X) 她每天都学习了汉语。 Tā měitiān dōu xuéxí le Hànyǔ.
>
> (O) 她每天都学习汉语。 Tā měitiān dōu xuéxí Hànyǔ.
> 그녀는 매일 중국어를 공부했습니다.
>
> ② (X) 夏天常常下了大雨。 Xiàtiān chángcháng xià le dàyǔ.
>
> (O) 夏天常常下大雨。 Xiàtiān chángcháng xià dàyǔ.
> 여름에는 늘 호우가 내렸습니다.

단어 汉字 hànzì 명 한자 / 每天 měitiān 부 매일, 날마다 / 常常 chángcháng 부 늘, 항상, 자주 / 大雨 dàyǔ 명 호우

2. 他讲课讲得非常好。

Tā jiǎngkè jiǎng de fēicháng hǎo. ▶ 그는 수업을 아주 잘해.

Key Point 정도보어2

동사가 목적어를 가질 경우, 일반적으로 동사를 한 번 더 쓰고 그 뒤에 정도보어를 쓴다.

기본 형식 (주어) + 동사 + 목적어 + 동사 + 得 + 정도보어

긍정문	他讲课讲得非常好。 Tā jiǎngkè jiǎng de fēicháng hǎo. 그는 수업을 아주 잘해.
부정문	他讲课讲得不好。 Tā jiǎngkè jiǎng de bù hǎo. 그는 수업을 잘하지 못해.
의문문	他讲课讲得好吗? Tā jiǎngkè jiǎng de hǎo ma? 그는 수업을 잘하니? 他讲课讲得好不好? Tā jiǎngkè jiǎng de hǎo bu hǎo? 그는 수업을 잘하니 못 하니? 他讲课讲得怎么样? Tā jiǎngkè jiǎng de zěnmeyàng? 그는 수업을 하는 것이 어때?

문장 활용하기

他	讲课	讲得	非常好。
妈妈	做菜	做得	很好吃。
我朋友	说汉语	说得	很流利。
朴海镇	写汉字	写得	很好看。

> **Tip!**
> - '주어+동사+목적어+동사+得+정도보어'의 형식을 취할 경우, 앞에 오는 동사를 생략할 수도 있다.
>
>   **예문** 他讲课讲得非常好。Tā jiǎngkè jiǎng de fēicháng hǎo.
>
>   → 他课讲得非常好。Tā kè jiǎng de fēicháng hǎo.   그는 수업을 아주 잘해.

단어 流利 liúlì 형 유창하다

3 他的课难是难，可是我很喜欢听。

🎧 02-4

Tā de kè nán shì nán, kěshì wǒ hěn xǐhuan tīng.

▶ 그의 수업은 어렵기는 어려운데, 그런데 나는 (그의 수업을) 듣는 것을 매우 좋아해.

Key Point A是A, 可是……

① 'A是A, 可是……'는 한국어의 'A하기는 A하지만, 그러나 ~하다'에 해당하는 문형이다.
② 'A'에는 주로 형용사(구), 동사(구), 명사(구) 등이 출현할 수 있다.
③ '可是' 대신에 '但是', '只是' 등을 사용할 수도 있다.

기본 형식 A是A, 可是……

형용사(구)	好看是好看，可是有点儿小。Hǎokàn shì hǎokàn, kěshì yǒudiǎnr xiǎo. 예쁘긴 예쁘지만, 그러나 좀 작아.
동사(구)	朋友有是有，只是不多。Péngyou yǒu shì yǒu, zhǐshì bù duō. 친구가 있기는 있지만, 단지 많지 않을 뿐이야.
명사(구)	好书是好书，但是太贵了。Hǎoshū shì hǎoshū, dànshì tài guì le. 좋은 책은 좋은 책이지만, 그러나 너무 비싸.

문장 활용하기

他的课	难是难，		我很喜欢听。
这件衣服	好看是好看，		太贵了。
我弟弟	+ 聪明是聪明，	+ 可是 +	不爱学习。
她	漂亮是漂亮，		我不喜欢她。

- 'A是A, 可是……'에서 A가 부정형(不A/没A)일 경우, 앞에 오는 'A'는 일반적으로 '不' 없이 동사나 형용사의 원형(A)만 써도 된다.

  예문 不贵是不贵，可是不好看。 Bú guì shì bú guì, kěshì bù hǎokàn.
  → 贵是不贵，可是不好看。 Guì shì bú guì, kěshì bù hǎokàn.
  비싸지 않기는 하지만, 그러나 예쁘지 않아.

  他的课不难是不难，但是没有意思。 Tā de kè bù nán shì bù nán, dànshì méiyǒu yìsi.
  → 他的课难是不难，但是没有意思。 Tā de kè nán shì bù nán, dànshì méiyǒu yìsi.
  그의 수업은 어렵지는 않지만 재미가 없어.

단어 只是 zhǐshì 부 단지, 다만 / 贵 guì 형 비싸다, 귀하다 / 聪明 cōngming 형 똑똑하다, 총명하다 / 爱 ài 동 사랑하다, 좋아하다

본문 익히기 1

🎧 02-5

王老师 克里斯，你假期过得怎么样？
Kèlǐsī, nǐ jiàqī guò de zěnmeyàng?

克里斯 我过得非常有意思。老师，您过得怎么样？
Wǒ guò de fēicháng yǒu yìsi. Lǎoshī, nín guò de zěnmeyàng?

王老师 我过得非常忙。我参加了很多国际会议。❶
Wǒ guò de fēicháng máng. Wǒ cānjiā le hěn duō guójì huìyì.

克里斯 老师，您去了哪些地方？
Lǎoshī, nín qù le nǎxiē dìfang?

王老师 我去了韩国、美国、日本和法国。
Wǒ qù le Hánguó, Měiguó, Rìběn hé Fǎguó.

克里斯 哇！您真厉害！
Wā! Nín zhēn lìhai!

'真……(啊)！'는 '정말로 ~하다'라는 뜻이다.
예) 她**真**漂亮(啊)! Tā zhēn piàoliang (a)!
그녀는 정말 예쁘구나!
今天**真**冷(啊)! Jīntiān zhēn lěng (a)!
오늘은 정말 춥구나!

본문 익히기 2

🎧 02-6

克里斯 导喜，你听过王老师的汉语课吗？
Dǎoxǐ, nǐ tīng guo Wáng lǎoshī de Hànyǔ kè ma?

梁导喜 没有。他的课怎么样？
Méiyǒu. Tā de kè zěnmeyàng?

> 上(个)学期 shàng (ge) xuéqī 지난 학기
> 下(个)学期 xià (ge) xuéqī 다음 학기
> 这(个)学期 zhè (ge) xuéqī 이번 학기
> 那(个)学期 nà (ge) xuéqī 그 학기
> 哪(个)学期 nǎ (ge) xuéqī 어느 학기

克里斯 上个学期我听过他的课。他讲课讲得非常好。❷
Shàng ge xuéqī wǒ tīng guo tā de kè. Tā jiǎngkè jiǎng de fēicháng hǎo.

梁导喜 可是我听朋友说，他的课有点儿难。
Kěshì wǒ tīng péngyou shuō, tā de kè yǒudiǎnr nán.

克里斯 他的课难是难，可是我很喜欢听。❸
Tā de kè nán shì nán, kěshì wǒ hěn xǐhuan tīng.

梁导喜 那，你为什么喜欢听他的课？
Nà, nǐ wèishénme xǐhuan tīng tā de kè?

克里斯 因为他讲课讲得非常好啊，你也听听吧。
Yīnwèi tā jiǎngkè jiǎng de fēicháng hǎo a, nǐ yě tīngting ba.

본문 익히기 3

🎧 02-7

1 这个假期，王老师过得非常忙。
Zhè ge jiàqī, Wáng lǎoshī guò de fēicháng máng.

他参加了很多国际会议。
Tā cānjiā le hěn duō guójì huìyì.

为了参加会议，他去了韩国、美国、日本和法国。
Wèile cānjiā huìyì, tā qù le Hánguó、Měiguó、Rìběn hé Fǎguó.

✏️ 본문3을 참조하여 자신의 상황에 맞게 중국어로 서술하세요.

1 这个假期，＿＿＿＿＿＿过得非常忙。

＿＿＿＿＿＿参加了很多＿＿＿＿＿＿。

为了参加＿＿＿＿＿＿，他去了＿＿＿＿＿＿。

본문 익히기 3

🎧 02-8

2 克里斯上个学期听过王老师的汉语课。
Kèlǐsī shàng ge xuéqī tīng guo Wáng lǎoshī de Hànyǔ kè.

他说，王老师的课难是难，
Tā shuō, Wáng lǎoshī de kè nán shì nán,

可是他很喜欢听王老师的课。
kěshì tā hěn xǐhuan tīng Wáng lǎoshī de kè.

因为王老师讲课讲得非常好。
Yīnwèi Wáng lǎoshī jiǎngkè jiǎng de fēicháng hǎo.

✏️ 본문3을 참조하여 자신의 상황에 맞게 중국어로 서술하세요.

2 克里斯 _____ 听过 _____ 的汉语课。

他说， _____ 的课

_____ 是， _____

可是他 _____ 喜欢听 _____ 的课。

因为 _____ 讲课讲得 _____ 。

연습문제

1. 밑줄 친 부분에 알맞은 표현을 사용해 대화문을 완성해 보세요.

   ❶ A 你假期过得怎么样？

   　　B 我过得 (fēicháng yǒu yìsi) _____。

   ❷ A 您去了 (nǎxiē dìfang) _____？

   　　B 我去了韩国、美国、日本和法国。

   ❸ A 你为什么喜欢听他的课？

   　　B 因为 (jiǎngkè jiǎng de fēicháng hǎo a) _____。

2. 틀린 부분을 바르게 고쳐 보세요.

   ❶ 我没有参加了国际会议。 나는 국제회의에 참가하지 않았어.

   → _____

   ❷ 他讲课得非常好。 그는 수업을 아주 잘해.

   → _____

   ❸ 他不讲课讲得好。 그는 수업을 잘하지 못해.

   → _____

   ❹ 他的课难有点儿。 그의 수업은 좀 어려워.

   → _____

연습문제

3. 제시된 단어를 어순에 맞게 배열해 보세요.

❶ 忙 / 我 / 非常 / 过得 나는 아주 바쁘게 보냈어.

→ _____

❷ 国际 / 我 / 很多 / 会议 / 参加了 나는 많은 국제회의에 참가했어.

→ _____

❸ 听过 / 课 / 我 / 他的 / 上个学期 지난 학기에 나는 그의 수업을 들어봤어.

→ _____

❹ 难是难 / 可是 / 很 / 听 / 他的 / 我 / 课 / 喜欢

그의 수업은 어렵기는 어려운데, 그러나 나는 (그의 수업을) 듣는 것을 매우 좋아해.

→ _____

4. 아래 상황에 맞게 알맞은 중국어 표현을 말해보세요.

❶ 회의에 참가하기 위해 그는 한국, 미국, 일본 그리고 프랑스에 갔었다.

→ _____

❷ 크리스는 왕 선생님의 수업은 어렵기는 어렵지만, 그러나 그는 왕 선생님의 수업을 듣는 것을 매우 좋아한다고 말했다.

→ _____

ALL ABOUT CHINA!

운남성의 주요 여행지

운남성은 지리적으로 북서부는 티베트 자치구, 서쪽으로는 미얀마, 남쪽으로는 라오스, 남동쪽으로는 베트남과 인접해 있으며, 빼어난 자연경관과 더불어 25개의 소수민족이 살고 있어 소수민족의 요람으로 불린다.

곤명(昆明 Kūnmíng)은 중국 운남성(云南省 Yúnnánshěng)의 수도로 봄의 도시, 춘성(春城 chūnchéng)으로 불린다. 연평균 기온이 15℃이며, 최고기온이 19℃정도이고, 최저기온이 8℃정도이다.

봄의 도시, 春城!

빼어난 자연경관, 昆明!

세계적으로 유명한 중국인 영화감독 장예모(张艺谋 Zhāng Yìmóu)는 운남성의 소수민족과 빼어난 자연환경을 배경으로 '영상여강(映像丽江 Yìngxiàng Lìjiāng)'을 제작했다. 영상여강은 만년설산인 옥룡설산(玉龙雪山 Yùlóng xuěshān)의 중턱, 해발 3,100미터, 6만여 평에 달하는 공연장에 500여 명의 소수민족의 역동적인 소수민족 생활상과 사랑 이야기를 그려낸 작품이다. 특히, 영상여강에 출현하는 배우들은 현지에서 생활하고 있는 일반인들로 공연시에만 배우로 활동한다.

운남성에는 1997년 유네스코 선정 세계문화유산으로 등재된 여강고성(丽江古城 Lìjiāng gǔchéng)이 있다. 여강고성은 옛모습을 그대로 간직한 마을로, 산과 주변의 자연환경을 이용해서 만들어 졌다. 지형적 특색을 이용해 서북의 차가운 바람을 피하고 동남쪽의 햇빛을 잘 받을 수 있도록 했으며,

세계문화유산 등재, 丽江古城

玉龙雪山 중턱의 공연장

마을 북쪽 상산(象山 Xiàngshān) 아래의 강물이 3개로 나뉘어 마을 전체로 흘러 들어오고 있다. 강물은 모든 집 앞을 흐르고 있으며 마을 안에는 300개가 넘는 돌다리가 있다.

이외에도 운남성에는 빼어난 자연경관과 소수민족들의 문화를 간직한 서쌍반나(西双版纳 Xīshuāngbǎnnà)와 대리(大理 Dàlǐ), 샹그릴라(香格里拉 Xiānggélǐlā)가 있다.

또한 운남성은 한국사람들에게 널리 알려진 중국명차인 '보이차(普洱茶 pǔ'ěrchá)'의 본고장이며, 실크로드와 함께 현존하는 인류 최고의 교역로인 차마고도(茶马古道 Chá mǎ gǔdào-차와 말을 교역하던 중국의 높고 험준한 육상 무역로)가 존재한다.

중국명차, 普洱茶

소수민족 문화를 간직한 西双版纳

3 과

一本多少钱？
Yì běn duōshao qián?

한 권에 얼마예요?

기본문장

1. **一本多少钱?**
   Yì běn duōshao qián?
   한 권에 얼마예요?

2. **我爸爸给我买了一台联想电脑。**
   Wǒ bàba gěi wǒ mǎi le yì tái Liánxiǎng diànnǎo.
   우리 아빠는 나에게 레노버 컴퓨터를 한 대 사주셨어.

3. **无线鼠标比有线鼠标贵。**
   Wúxiàn shǔbiāo bǐ yǒuxiàn shǔbiāo guì.
   무선 마우스는 유선 마우스보다 비싸.

Key Point

가격 묻기 多少钱

给 자문

비교문1 比

새로 나온 단어 🎧 03-1

☐	扑通扑通	pūtōngpūtōng	의성 (심장, 가슴이) 두근두근, 콩닥콩닥
☐	区	qū	명 구역
☐	本	běn	양 권 [책을 세는 단위]
☐	多少钱	duōshao qián	얼마입니까 [가격을 묻는 표현]

※ 多少 duōshao 대 얼마, 몇 (10 이상의 큰 숫자에 사용)

☐	块	kuài	명 위안 [중국돈의 단위, '元'의 입말 표현]
☐	一共	yígòng	부 다 합쳐, 모두 합쳐, 전부
☐	优惠	yōuhuì	명 우대, 혜택, 할인
☐	本校	běnxiào	명 본교
☐	分之	fēnzhī	(백분율 등의) ~분의 ~
☐	超市	chāoshì	명 슈퍼마켓
☐	给	gěi	개 ~에게 동 (~에게 ~을) 주다
☐	台	tái	양 대 [기계·차량·설비 등을 세는 단위]
☐	联想	Liánxiǎng	고유 레노버, 중국의 컴퓨터 제조 업체
☐	电脑	diànnǎo	명 컴퓨터
☐	无线	wúxiàn	형 무선의
☐	鼠标	shǔbiāo	명 (컴퓨터의) 마우스
☐	有线	yǒuxiàn	형 유선의
☐	好用	hǎoyòng	형 사용하기 좋다, 사용하기 편리하다
☐	贵	guì	형 (가격이) 비싸다, 귀하다
☐	左右	zuǒyòu	명 ~정도, ~안팎 [대략의 수를 나타낼 때 사용]
☐	坏	huài	동 고장 나다, 망치다 형 나쁘다
☐	价格	jiàgé	명 가격, 값

기본문장 알기

🎧 03-2

1. 一本多少钱?

Yì běn duōshao qián? ▶ 한 권에 얼마예요?

Key Point 가격 묻기 **多少钱**

① '多少'는 10 이상의 숫자를 질문할 때 사용하는 표현이다.
② 중국 화폐는 '인민폐(人民币 Rénmínbì)'라고 하며, 단위는 '元(yuán)'을 기본으로 한다. 입말에서는 '块(kuài), 毛(máo), 分(fēn)'을 사용한다.

123.45元

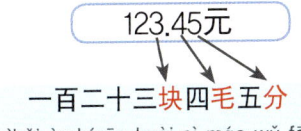

一百二十三**块**四**毛**五**分**
yìbǎi èrshísān kuài sì máo wǔ fēn

③ 화폐 단위는 입말과 글말에서 다르게 사용된다.

구분	정수	소수점 첫째	소수점 둘째
입말 – 글말	块 kuài – 元 yuán	毛 máo – 角 jiǎo	分 fēn – 分 fēn
실제화폐	(100위안)	(1각)	(1분)

④ 중국어로 화폐 단위를 읽을 때 주의할 사항은 다음과 같다.

예시	읽는 방법	비고
103.00元 1003.00元 10003.00元	一百零三块 yìbǎi líng sān kuài 一千零三块 yìqiān líng sān kuài 一万零三块 yíwàn líng sān kuài	① 숫자와 숫자 사이에 출현하는 '0'은 개수에 상관없이 '零(líng)'으로 한 번만 읽음. ② 백 이상의 단위에 '1'이 오면, 읽을 때 '一(yī)'를 생략할 수 없다.
123.45元 150.00元 1500.00元	一百二十三块四毛五(分) yìbǎi èrshísān kuài sì máo wǔ (fēn) 一百五(十块) yìbǎi wǔ (shí kuài) 一千五(百块) yìqiān wǔ (bǎi kuài)	① 마지막 화폐 단위는 생략이 가능하다. ② 숫자의 끝에 출현하는 '0'은 개수에 상관없이 생략이 가능하다.
2.00元 200.00元 20000.00元	两块 liǎng kuài 两百块(二百块) liǎngbǎi kuài (èrbǎi kuài) 两万块 liǎngwàn kuài	① 십 단위에서는 '二(èr)'을 사용하는 것이 일반적이고, 백 단위에서는 '二(èr)'과 '两(liǎng)'을 모두 쓸 수 있다. 천 이상의 단위에서는 '两(liǎng)'을 사용한다.

문장 활용하기

那本书
一本
这本书   + **多少钱？**
一共

- 가격을 묻는 표현에는 다음과 같은 것이 있다.

多少钱	A 一斤**多少钱**？ Yì jīn duōshao qián? 한 근에 얼마인가요? B 一斤两块。Yì jīn liǎng kuài. 한 근에 2위안입니다.
怎么卖	A 这个**怎么卖**？ Zhège zěnme mài? 이것은 어떻게 파나요? B 一斤两块。Yì jīn liǎng kuài. 한 근에 2위안입니다.

- 물건에 따라 자주 사용하는 양사는 다음과 같은 것이 있다.

물건	양사(단위)	예제
香蕉 xiāngjiāo 바나나	个/斤	一**个**香蕉 yí ge xiāngjiāo 바나나 1개 一**斤**香蕉 yì jīn xiāngjiāo 바나나 1근
米饭 mǐfàn 밥	碗	四**碗**米饭 sì wǎn mǐfàn 밥 4그릇
啤酒 píjiǔ 맥주	瓶	八**瓶**啤酒 bā píng píjiǔ 맥주 8병
袜子/鞋 wàzi/xié 양말/신발	双	十**双**袜子 shí shuāng wàzi 양말 10켤레 十**双**鞋 shí shuāng xié 신발 10켤레

- 화폐에 사용되는 숫자는 갖은자(大写)를 사용하기도 한다.

숫자	1	2	3	4	5	6	7	8	9	10	100	1000
小写	一	二	三	四	五	六	七	八	九	十	百	千
大写	壹	贰	叁	肆	伍	陆	柒	捌	玖	拾	佰	仟

단어 元 yuán 명 위안 [인민폐의 기본 단위] / 毛 máo 명 마오 [인민폐 단위로 소수 첫째 자리 단위(1元=10毛) '角'의 회화 표현임] / 分 fēn 명 펀 [인민폐 단위로 소수 둘째 자리 단위(1元=100分)임] / 角 jiǎo 명 지아오 [인민폐 단위로 소수 첫째 자리 단위(글말)임] / 百 bǎi 수 백, 100 / 千 qiān 수 천, 1000 / 万 wàn 수 만, 10000 / 香蕉 xiāngjiāo 명 바나나 / 斤 jīn 양 근 [무게의 단위] / 米饭 mǐfàn 명 밥 / 碗 wǎn 양 그릇 / 啤酒 píjiǔ 명 맥주 / 瓶 píng 양 병 / 袜子 wàzi 명 양말 / 鞋 xié 명 신발 / 双 shuāng 양 짝, 켤레

🎧 03-3

2 我爸爸给我买了一台联想电脑。

Wǒ bàba gěi wǒ mǎi le yì tái Liánxiǎng diànnǎo. ▶ 우리 아빠가 나에게 레노버 컴퓨터를 한 대 사주셨어.

Key Point 给 자문

① '给'는 주로 동작을 받는 대상을 나타낸다.
② 조동사를 사용할 경우, '给' 앞에 사용한다.

기본 형식	사람 + 给 + 사람 + 동사 + 사물
긍정문	我想给妈妈买礼物。 Wǒ xiǎng gěi māma mǎi lǐwù. 나는 엄마에게 선물을 사드리고 싶어.
부정문	我不想给妈妈买礼物。 Wǒ bù xiǎng gěi māma mǎi lǐwù. 나는 엄마에게 선물을 사드리고 싶지 않아.
의문문	你想给妈妈买礼物吗? Nǐ xiǎng gěi māma mǎi lǐwù ma? 너는 엄마에게 선물을 사드리고 싶어? 你想不想给妈妈买礼物? Nǐ xiǎng bu xiǎng gěi māma mǎi lǐwù? 너는 엄마에게 선물을 사드리고 싶어 사드리고 싶지 않아?

문장 활용하기

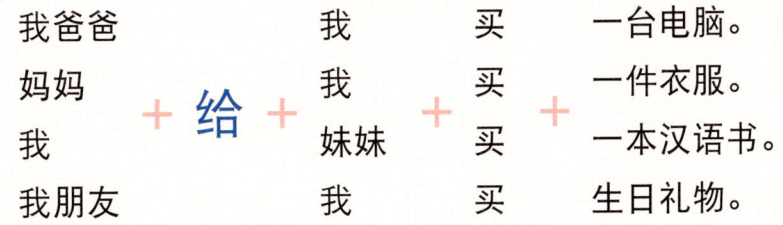

> Tip!
> - '给'는 동사로 '~~에게 ~~을 주다'의 의미를 가진다.
>
> 예문 我爸爸给了我100块。Wǒ bàba gěi le wǒ yìbǎi kuài. 아빠가 나에게 100위안을 주셨어.
>   　　老师给了我一杯咖啡。Lǎoshī gěi le wǒ yì bēi kāfēi. 선생님이 나에게 커피 한 잔을 주셨어.

단어 礼物 lǐwù 명 선물 / 杯 bēi 양 잔 [음료를 세는 단위]

3 无线鼠标比有线鼠标贵。

Wúxiàn shǔbiāo bǐ yǒuxiàn shǔbiāo guì. ▶ 무선 마우스는 유선 마우스보다 비싸.

Key Point 비교문1 比

① 중국어 비교문은 'A+比+B+비교결과(형용사)'로 사용된다.

② '比비교문'의 부정은 '不'를 사용하며 '比' 앞에 놓는다. '不比'는 상대방의 말을 부정하거나 바로 잡고자 할 때 사용한다. 한국어의 'A는 B보다 ~하지 않다'에 해당한다. 참고로 회화에서는 '不比'보다 '没有'를 더 자주 쓴다. '没有'의 용법은 4과를 참고하자.

기본 형식	A + 比 + B + 비교결과(형용사)	
긍정문	李晨比我大。Lǐchén bǐ wǒ dà. 리천은 나보다 나이가 많아.	A > B
부정문	李晨不比我大。Lǐchén bù bǐ wǒ dà. 리천은 나보다 나이가 많지 않아. (같거나 적어.)	A ≦ B
의문문	李晨比你大吗? Lǐchén bǐ nǐ dà ma? 리천은 너보다 나이가 많니?	

③ 비교문에는 '很'을 사용할 수 없으며, 비교의 결과를 강조할 경우 '更/还'를 사용한다.

　예문 汉语书比英语书更贵。Hànyǔ shū bǐ Yīngyǔ shū gèng guì. 중국어책은 영어책보다 더 비싸다.
　　　　这本书比那本书还便宜。Zhè běn shū bǐ nà běn shū hái piányi.
　　　　이 책은 저 책보다도 더 싸다. (이 책도 싸지만, 저 책은 더 싸다.)

문장 활용하기

这台电脑				那台电脑				贵。
我爸爸	+	比	+	我	+	(更/还)	+	帅。
无线鼠标				有线鼠标				好用。
汉语				英语				有意思。

문장 활용하기

他弟弟				他		高。
他写得	+	不比	+	克里斯	+	好。
韩语				汉语		容易。
他				弟弟		帅。

Tip!

- 구체적인 비교의 결과를 나타낼 경우, 'A+比+B+비교결과(형용사)+구체적 차이'로 사용할 수 있다.

가격 贵	A: 这台电脑比那台电脑贵吗? Zhè tái diànnǎo bǐ nà tái diànnǎo guì ma? 이 컴퓨터는 저 컴퓨터보다 비싸니? B: 对，这台电脑比那台电脑贵100块。 Duì, zhè tái diànnǎo bǐ nà tái diànnǎo guì yì bǎi kuài. 맞아, 이 컴퓨터는 저 컴퓨터보다 100위안 비싸.
나이 大	A: 他比你弟弟大吗? Tā bǐ nǐ dìdi dà ma? 그는 네 남동생보다 나이가 많니? B: 他比我弟弟大三岁。Tā bǐ wǒ dìdi dà sān suì. 그는 내 남동생보다 3살 많아.

 更 gèng 부 더욱, 한층 더, 보다 / 便宜 piányi 형 (가격이) 싸다 / 帅 shuài 형 잘생기다, 멋지다 / 高 gāo 형 (높이가) 높다 / 韩语 Hányǔ 명 한국어 / 容易 róngyì 형 쉽다

본문 익히기 1

🎧 03-5

梁导喜　服务员，这儿有《扑通扑通汉语1》吗？
　　　　Fúwùyuán, zhèr yǒu 《Pūtōngpūtōng Hànyǔ yī》 ma?

服务员　有。在D区。
　　　　Yǒu.　Zài D qū.

梁导喜　<u>一本多少钱？</u>❶ 我要买两本。
　　　　Yì běn duōshao qián?　Wǒ yào mǎi liǎng běn.

服务员　一本85块。一共170块。
　　　　Yì běn bāshíwǔ kuài. Yígòng yìbǎi qīshí kuài.

> 优惠价 yōuhuìjià 우대가격
> 会员价 huìyuánjià 회원가
> 折扣价 zhékòujià 할인가
> 原价 yuánjià 원가

梁导喜　有没有学生<u>优惠</u>？
　　　　Yǒu méiyǒu xuésheng yōuhuì?

服务员　有。本校学生优惠10%（百分之十）。
　　　　Yǒu.　Běnxiào xuésheng yōuhuì bǎi fēnzhī shí.

본문 익히기 2

🎧 03-6

朴海镇 克里斯，陪我去超市吧！
Kèlǐsī, péi wǒ qù chāoshì ba!

> 市场 shìchǎng 시장
> 早市 zǎoshì 아침 시장
> 夜市 yèshì 야시장
> 便利店 biànlìdiàn 편의점
> 小卖部 xiǎomàibù 매점
> 百货商店 bǎihuòshāngdiàn 백화점

克里斯 你想买什么？
Nǐ xiǎng mǎi shénme?

朴海镇 我爸爸给我买了一台联想电脑。❷
Wǒ bàba gěi wǒ mǎi le yì tái Liánxiǎng diànnǎo.

我想买一个无线鼠标。
Wǒ xiǎng mǎi yí ge wúxiàn shǔbiāo.

克里斯 无线鼠标比有线鼠标好用吗？
Wúxiàn shǔbiāo bǐ yǒuxiàn shǔbiāo hǎoyòng ma?

朴海镇 当然好用！不过，无线鼠标比有线鼠标贵。❸
Dāngrán hǎoyòng! Búguò, wúxiàn shǔbiāo bǐ yǒuxiàn shǔbiāo guì.

克里斯 一个无线鼠标多少钱？
Yí ge wúxiàn shǔbiāo duōshao qián?

朴海镇 150块左右。
Yìbǎi wǔshí kuài zuǒyòu.

> 대략의 숫자를 나타낼 때
> 예 수량사 + 左右
> 三个左右 sān ge zuǒyòu 3개 정도
> 八天左右 bā tiān zuǒyòu 8일 정도

본문 익히기 3

1 今天下午我去买汉语书了。
Jīntiān xiàwǔ wǒ qù mǎi Hànyǔ shū le.

学校书店有那本书。一本85块。
Xuéxiào shūdiàn yǒu nà běn shū. Yì běn bāshíwǔ kuài.

书店有学生优惠，本校学生优惠10%。
Shūdiàn yǒu xuésheng yōuhuì, běnxiào xuésheng yōuhuì bǎi fēn zhī shí.

我买两本，优惠以后，一共153块。
Wǒ mǎi liǎng běn, yōuhuì yǐhòu, yígòng yìbǎi wǔshísān kuài.

본문3을 참조하여 자신의 상황에 맞게 중국어로 서술하세요.

1 今天 _____ 我去买 _____ 了。
一 _____ 块。_____ 有学生优惠，
本校学生优惠 _____ %。我买 _____ ，
优惠以后，一共 _____ 块。

2 我的电脑坏了。
Wǒ de diànnǎo huài le.

我爸爸给我买了一台联想电脑。
Wǒ bàba gěi wǒ mǎi le yì tái Liánxiǎng diànnǎo.

我想买一个无线鼠标。
Wǒ xiǎng mǎi yí ge wúxiàn shǔbiāo.

无线鼠标比有线鼠标好用。
Wúxiàn shǔbiāo bǐ yǒuxiàn shǔbiāo hǎoyòng.

但是，价格比有线鼠标贵。
Dànshì, jiàgé bǐ yǒuxiàn shǔbiāo guì.

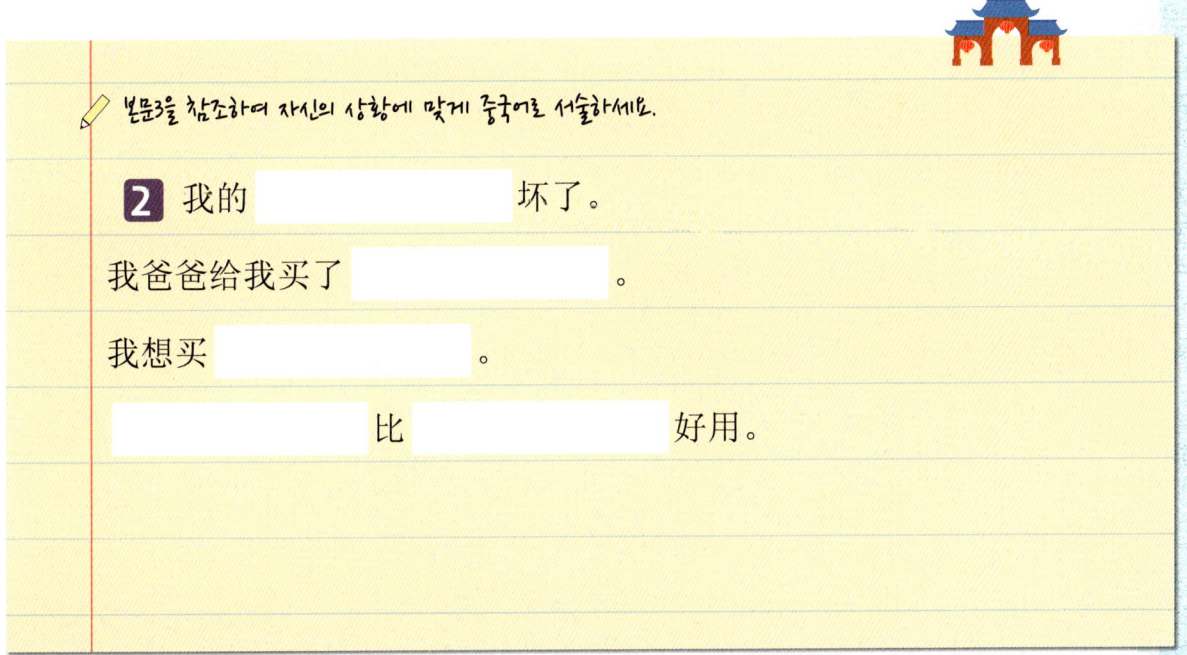

본문3을 참조하여 자신의 상황에 맞게 중국어로 서술하세요.

2 我的　　　　　　坏了。

我爸爸给我买了　　　　　　。

我想买　　　　　　。

　　　　　　比　　　　　　好用。

연습문제

1. 밑줄 친 부분에 알맞은 표현을 사용해 대화문을 완성해 보세요.

❶ A 一本 (duōshao qián) _____ ?

　　B 一本50块。

❷ A 克里斯，陪我 (qù chāoshì) _____ 吧！

　　B 好！我陪你一起去吧！

❸ A 有没有学生优惠？

　　B 当然有, (běnxiào xuésheng yōuhuì) _____ 10%。

2. 틀린 부분을 바르게 고쳐 보세요.

❶ 一个无线鼠标多少钱吗？ 무선 마우스는 하나에 얼마인데?

→ _____

❷ 这本书比不贵那本书。 이 책은 저 책보다 비싸지 않다.

→ _____

❸ 我陪去超市吧。 나와 함께 슈퍼마켓에 가자.

→ _____

❹ 我爸爸买给我电脑一台了。 우리 아빠가 나에게 컴퓨터를 한 대 사주셨어.

→ _____

3. 제시된 단어를 어순에 맞게 배열해 보세요.

❶ 我 / 给 / 想 / 妈妈 / 买 / 两 / 书 / 本
나는 엄마에게 책 두 권을 사드리고 싶어.

→ _____

❷ 无线鼠标 / 有线鼠标 / 比 / 好用 / 吗 무선 마우스는 유선 마우스보다 사용하기 좋니?

→ _____

❸ 有线 / 鼠标 / 比 / 价格 / 贵 가격은 유선 마우스보다 비싸다.

→ _____

❹ 今天 / 我 / 买 / 去 / 汉语书 / 了 / 下午
오늘 오후에 나는 중국어 책을 사러 갔었다.

→ _____

4. 아래 상황에 맞게 알맞은 중국어 표현을 말해보세요.

❶ 학교 서점에 그 책이 있다. 한 권에 85위안이다. 나는 두 권을 사서, 할인혜택 이후, 전부 153위안이었다.

→ _____
  _____

❷ 내 컴퓨터가 고장 났다. 우리 아빠는 나에게 컴퓨터를 한 대 사주셨다.

→ _____
  _____

연습문제

5. 아래 상황에 맞게 알맞은 중국어 표현을 말해보세요.

   (1) 다음 물건들의 가격을 각각의 양사를 넣어 문장으로 말해 보세요.

   22.5元/杯　　36元/本　　270元/件　　1880元/台　　5元/碗

   ❶ _____
   ❷ _____
   ❸ _____
   ❹ _____
   ❺ _____

   (2) 위에 나온 물건들의 가격을 이용해 다음과 같은 대화문을 만들어 보세요.

   A _____多少钱？

   B _____。

   A 有没有学生优惠？

   B 当然有。学生优惠_____。

   A 我买_____。一共多少钱？

   B 优惠以后，_____。

ALL ABOUT CHINA!

상해의 주요 여행지

상해(上海 Shànghǎi)는 중국 양자강(扬子江 Yángzǐ Jiāng) 하구에 있는 중국의 4대 직할시 가운데 하나로 항구와 무역, 과학기술, 정보, 금융의 중심지이다. 상해의 주요 명승지로는 중심지역인 황포강 외탄과 남경로, 예원 등이 있다.

야경이 멋진 外滩

황포강(黄浦江 Huángpǔ Jiāng) 외탄(外滩 Wàitān)은 상해의 유명한 건축물이 모두 밀집해 있는 황포강변 지역을 가리킨다. 19세기 중국이 아편전쟁에서 패해 개항한 후 외국인이 들어와 건물을 짓고 거주하기 시작하면서 이곳을 중심으로 서양풍의 건물이 들어서게 되었고, 20세기 초 상해가 중국 금융의 중심이 되면서 신식 빌딩이 생겨나 지금과 같은 높은 빌딩숲을 이루게 되었다. 동방명주 TV수신탑(东方明珠电视塔 Dōngfāngmíngzhū Diànshìtǎ), 금무타워(金茂大厦 Jīnmào Dàshà), 국제회의센터(国际会议中心 Guójì Huìyì Zhōngxīn)가 대표적이다. 그리하여 상해는 과거와 현재가 공존하는 독특한 분위기를 갖게 되었다.

스카이라인이 아름다운 上海

상해 관광의 중심지인 남경로(南京路 Nánjīng Lù)는 우리나라의 명동과 같은 상해 최대의 번화가이다. 거리 주변에는 중후한 조계시대 건물이 즐비하고 거리 양 옆으로 기념품점과 쇼핑센터가 늘어서 있어 평일에도 사람들로 북적인다.

상해 여행의 필수 코스로 꼽히는 명소이자 중국을 대표하는 정원인 예원(豫园 Yùyuán)은 명대에 지어진 고위관료의 개인정원으로, 정교한 배치와 변화무쌍한 풍경이 특징이다. 과거 예원의 일부였던 주변 지역에는 예원상점(豫园商场 Yùyuán Shāngchǎng)이 자리하고 있는데 명·청대의 고풍스러운 건물들과 상점 1천여 개가 밀집되어 있어 볼거리가 풍부하다.

상해 관광의 중심 南京路

중국의 대표 정원 豫园

상해 대한민국 임시정부청사

또한 상해에는 한국인에게는 뜻깊은 대한민국 임시정부청사 옛터가 남아 있다. 1919년 4월, 독립운동 대표들이 상해에 모여 임시정부를 수립한 이래로, 1926년부터 1932년까지 청사로 사용하던 건물이 현재까지 보존되어 있다.

4 과

今年夏天太热了。
Jīnnián xiàtiān tài rè le.

올해 여름은 너무 덥다.

기본문장

1. **你喜欢北京的夏天还是首尔的夏天?**
   Nǐ xǐhuan Běijīng de xiàtiān háishi Shǒu'ěr de xiàtiān?
   너는 북경의 여름이 좋니 아니면 서울의 여름이 좋니?

2. **纽约的夏天没有北京热。**
   Niǔyuē de xiàtiān méiyǒu Běijīng rè.
   뉴욕의 여름은 북경만큼 덥지 않아.

3. **一年四季都像春天一样。**
   Yì nián sìjì dōu xiàng chūntiān yíyàng.
   일 년 사계절이 모두 봄과 같아.

Key Point

선택의문문 **还是**

비교문2 **没有**

像……一样

새로 나온 단어 🎧 04-1

- 夏天　　　xiàtiān　　　명 여름
  - ↔ 冬天 dōngtiān 명 겨울
- 热　　　　rè　　　　　형 덥다
  - ↔ 冷 lěng 형 춥다
- 最　　　　zuì　　　　　부 가장, 제일
- 首尔　　　Shǒu'ěr　　　고유 서울
- 大邱　　　Dàqiū　　　　고유 대구
- 实在　　　shízài　　　　부 정말, 참으로
- 纽约　　　Niǔyuē　　　고유 뉴욕
- 这么　　　zhème　　　　대 이렇게, 이런
  - ↔ 那么 nàme 대 그렇게, 저렇게, 그런, 저런 접 그럼, 그렇다면
- 习惯　　　xíguàn　　　　동 습관이 되다, 적응이 되다 명 버릇, 습관
- 已经　　　yǐjīng　　　　부 이미, 벌써
- 秋天　　　qiūtiān　　　명 가을
  - ↔ 春天 chūntiān 명 봄
- 美　　　　měi　　　　　형 아름답다, 예쁘다, 곱다
- 特别　　　tèbié　　　　부 특히 형 특별하다, 특이하다
- 香山　　　Xiāngshān　　고유 향산 [북경에 있는 관광지]
- 红叶　　　hóngyè　　　명 단풍(잎), 붉은 잎
- 老家　　　lǎojiā　　　　명 고향
- 气候　　　qìhòu　　　　명 날씨, 기후
- 昆明　　　Kūnmíng　　　고유 곤명, 쿤밍 [운남(云南)성의 성도]
- 一年四季　yì nián sìjì　명 일년 사계절, 사시사철
- 像　　　　xiàng　　　　동 비슷하다, 닮다
- 一样　　　yíyàng　　　　형 같다, 동일하다
- 春城　　　chūnchéng　　명 봄의 도시, '昆明(곤명)'의 별칭
- 机会　　　jīhuì　　　　　명 기회

기본문장 알기

🎧 04-2

1 你喜欢北京的夏天还是首尔的夏天?

Nǐ xǐhuan Běijīng de xiàtiān háishi Shǒu'ěr de xiàtiān?
▶ 너는 북경의 여름을 좋아하니 아니면 서울의 여름을 좋아하니?

Key Point   선택의문문 还是

① '还是'는 '또는, 아니면'의 뜻으로, 선택을 나타내며 주로 의문문에 쓰인다.

기본 형식   A + 还是 + B ?

- 你喜欢夏天还是喜欢冬天? Nǐ xǐhuan xiàtiān háishi xǐhuan dōngtiān?
  ▶ 너는 여름을 좋아하니 아니면 겨울을 좋아하니?

- 你喜欢吃韩国菜还是吃日本菜? Nǐ xǐhuan chī Hánguócài háishi chī Rìběncài?
  ▶ 너는 한국요리 먹는 것을 좋아하니 아니면 일본요리 먹는 것을 좋아하니?

② 선택항의 동사가 같을 경우 두 번째 선택항의 동사는 생략할 수 있다.

예문   你喜欢夏天还是喜欢冬天? Nǐ xǐhuan xiàtiān háishi xǐhuan dōngtiān?
→ 你喜欢夏天还是冬天? Nǐ xǐhuan xiàtiān háishi dōngtiān?
너는 여름을 좋아하니 겨울을 좋아하니?

你喜欢吃韩国菜还是吃日本菜? Nǐ xǐhuan chī Hánguócài háishi chī Rìběncài?
→ 你喜欢吃韩国菜还是日本菜? Nǐ xǐhuan chī Hánguócài háishi Rìběncài?
너는 한국요리 먹는 것을 좋아하니 일본요리 먹는 것을 좋아하니?

문장 활용하기

你喜欢		北京的夏天				首尔的夏天?
你喜欢	+	她	+	还是	+	我?
你想		买大衣				买毛衣?
你想		喝咖啡				喝茶?

04 今年夏天太热了。 올해 여름은 너무 덥다.

> • 'A+还是+ B'는 평서문에서 동사의 목적어로 쓰일 수 있다.
>
> **예문** 我不知道他明天回国还是后天回国。
> Wǒ bù zhīdào tā míngtiān huíguó háishi hòutiān huíguó.
> 나는 그 사람이 내일 귀국하는지 아니면 모레 귀국하는지를 모른다.
>
> 公司还没决定他去还是我去。Gōngsī hái méi juédìng tā qù háishi wǒ qù.
> 회사에서는 아직 그 사람이 갈지 아니면 내가 갈지를 결정하지 못했다.

단어 大衣 dàyī 명 코트 / 毛衣 máoyī 명 스웨터

2

🎧 04-3

纽约的夏天没有北京热。

Niǔyuē de xiàtiān méiyǒu Běijīng rè. ▶ 뉴욕의 여름은 북경만큼 덥지 않아.

Key Point 비교문2 没有

① '没有'는 한국어의 'A는 B만큼 ~하지 않다'라는 뜻을 나타낸다.
② '没有' 비교문의 형용사 앞에는 '这么', '那么'가 자주 출현한다.

기본 형식	A + 没有 + B(这么/那么) + 비교결과(형용사)	
긍정문	我弟弟有我(这么)高。Wǒ dìdi yǒu wǒ (zhème) gāo. 내 남동생은 나만큼 (이렇게) 키가 커.	A = B
부정문	我弟弟没有我(这么)高。Wǒ dìdi méiyǒu wǒ (zhème) gāo. 내 남동생은 나만큼 (이렇게) 키가 크지 않아.	A < B
의문문	你弟弟有你(那么)高吗? Nǐ dìdi yǒu nǐ (nàme) gāo ma? 네 남동생은 너만큼 (그렇게) 키가 크니?	

문장 활용하기

纽约的夏天		北京		热。
他哥哥	+ 没有 +	他	+	帅。
北京的物价		首尔		高。
丽红		克里斯		大。

① '没有' 비교문에는 비교결과(형용사) 자리에 동사도 쓰일 수 있다.

동사	我没有你这么喜欢。 Wǒ méiyǒu nǐ zhème xǐhuan. 나는 너만큼 이렇게 좋아하지 않아. 哥哥没有弟弟那么有能力。 Gēge méiyǒu dìdi nàme yǒu nénglì. 형은 동생만큼 그렇게 능력이 있지 않아.

② 다음의 문장을 비교해 보면, '比비교문'의 진정한 부정 형식은 '没有비교문'이라는 것을 알 수 있다.

A 比 B 비교결과(형용사)	A 〉B	李晨比我大。 Lǐchén bǐ wǒ dà. 리천은 나보다 나이가 많아.
A 没有 B 비교결과(형용사)	A 〈 B	李晨没有我大。 Lǐchén méiyǒu wǒ dà. 리천은 나만큼 나이가 많지 않아.
A 不比 B 비교결과(형용사)	A ≧ B	李晨不比我大。 Lǐchén bù bǐ wǒ dà. 리천은 나보다 나이가 많지 않아. (같거나 적어.)

단어 高 gāo 형 (높이가) 높다 / 帅 shuài 형 잘생기다, 멋지다 / 物价 wùjià 명 물가 / 有能力 yǒu nénglì 능력이 있다

3 一年四季都像春天一样。

Yì nián sìjì dōu xiàng chūntiān yíyàng. ▶ 일 년 사계절이 모두 봄과 같아.

Key Point 像……一样

① '像……一样'은 한국어의 '마치 ~와 같다'에 해당되며, 두 개의 사물이 매우 닮았음을 나타낸다.
② '像……一样……'의 형식을 이룰 경우 '마치 ~처럼 ~하다'로 해석된다.

기본 형식 A + 像 + B + 一样 + (비교결과(형용사))

- 一年四季都像春天一样。 Yì nián sìjì dōu xiàng chūntiān yíyàng.
  ▶ 일 년 사계절이 모두 봄과 같아.

- 一年四季都像春天一样暖和。 Yì nián sìjì dōu xiàng chūntiān yíyàng nuǎnhuo.
  ▶ 일 년 사계절이 모두 봄처럼 따뜻해.

문장 활용하기

一年四季都		春天	
衣服		新的	
他说得	+ 像 +	外国人	+ 一样。
她的脸红得		苹果	

- '跟……一样'은 '~와 같다'는 뜻으로, 두 개의 사물이 똑같음을 나타낸다.

예문 他的年纪跟我一样。Tā de niánjì gēn wǒ yíyàng. 그의 나이는 저와 같습니다.
我的儿子跟我一样高。Wǒ de érzi gēn wǒ yíyàng gāo. 제 아들은 저와 같이 키가 큽니다.

단어 暖和 nuǎnhuo 형 따뜻하다 / 新 xīn 형 새롭다 / 外国人 wàiguórén 명 외국인 / 脸 liǎn 명 얼굴 / 红 hóng 형 붉다, 빨갛다 / 苹果 píngguǒ 명 사과 / 年纪 niánjì 명 연세, 나이 / 儿子 érzi 명 아들 /

본문 익히기 1

🎧 04-5

王老师　今年夏天太热了。海镇，韩国怎么样？
　　　　Jīnnián xiàtiān tài rè le.　Hǎizhèn, Hánguó zěnmeyàng?

朴海镇　韩国也很热。今年首尔比北京热。
　　　　Hánguó yě hěn rè.　Jīnnián Shǒu'ěr bǐ Běijīng rè.

> 暖和 nuǎnhuo 따뜻하다
> 炎热 yánrè 무덥다
> 凉快 liángkuai 시원하다
> 寒冷 hánlěng 춥고 차다

王老师　听说，韩国最热的地方是大邱，对吗？
　　　　Tīngshuō, Hánguó zuì rè de dìfang shì Dàqiū, duì ma?

朴海镇　对。但是，今年大邱不比首尔热。
　　　　Duì.　Dànshì, jīnnián Dàqiū bù bǐ Shǒu'ěr rè.

王老师　**你喜欢北京的夏天还是首尔的夏天？** ❶
　　　　Nǐ xǐhuan Běijīng de xiàtiān háishi Shǒu'ěr de xiàtiān?

朴海镇　我喜欢首尔的夏天。北京的夏天实在太热了。
　　　　Wǒ xǐhuan Shǒu'ěr de xiàtiān.　Běijīng de xiàtiān shízài tài rè le.

본문 익히기 2

🎧 04-6

李晨　　克里斯，纽约的夏天也这么热吗？
　　　　Kèlǐsī, Niǔyuē de xiàtiān yě zhème rè ma?

克里斯　纽约的夏天没有北京热。❷
　　　　Niǔyuē de xiàtiān méiyǒu Běijīng rè.

李晨　　那，你在北京习惯吗？
　　　　Nà, nǐ zài Běijīng xíguàn ma?

> 已经……了 이미 ~했다
> 예) 我已经毕业了。Wǒ yǐjīng bìyè le.
> 　　나는 이미 졸업했다.
> 　　我哥哥已经结婚了。Wǒ gēge yǐjīng jiéhūn le.
> 　　내 형은 이미 결혼했다.

克里斯　我已经习惯了。不过，我喜欢北京的秋天。
　　　　Wǒ yǐjīng xíguàn le.　Búguò, wǒ xǐhuan Běijīng de qiūtiān.

李晨　　秋天的北京很美，特别是香山的红叶。
　　　　Qiūtiān de Běijīng hěn měi, tèbié shì Xiāngshān de hóngyè.

克里斯　你老家是哪儿？气候怎么样？
　　　　Nǐ lǎojiā shì nǎr?　Qìhòu zěnmeyàng?

李晨　　我老家是昆明，一年四季都像春天一样。❸
　　　　Wǒ lǎojiā shì Kūnmíng, yì nián sìjì dōu xiàng chūntiān yíyàng.

克里斯　听说，昆明是春城。有机会我想去看看！
　　　　Tīngshuō, Kūnmíng shì chūnchéng. Yǒu jīhuì wǒ xiǎng qù kànkan!

본문 익히기 3

🎧 04-7

1 今年韩国的夏天太热了，
Jīnnián Hánguó de xiàtiān tài rè le,

首尔比北京还热。
Shǒu'ěr bǐ Běijīng hái rè.

韩国最热的地方是大邱，
Hánguó zuì rè de dìfang shì Dàqiū,

不过今年大邱不比首尔热。
búguò jīnnián Dàqiū bù bǐ Shǒu'ěr rè.

✏️ 본문3을 참조하여 자신의 상황에 맞게 중국어로 서술하세요.

1 今年韩国的 _____ 太 _____ 了，

首尔比 _____ 还 _____ 。

韩国最 _____ 的地方是 _____ ，

不过今年 _____ 不比首尔 _____ 。

본문 익히기 3

🎧 04-8

2 克里斯说纽约的夏天没有北京热。
Kèlǐsī shuō Niǔyuē de xiàtiān méiyǒu Běijīng rè.

不过，他来北京以后，已经习惯了。
Búguò, tā lái Běijīng yǐhòu, yǐjīng xíguàn le.

李晨的老家是昆明。
Lǐchén de lǎojiā shì Kūnmíng.

昆明是春城，一年四季都像春天一样。
Kūnmíng shì chūnchéng, yì nián sìjì dōu xiàng chūntiān yíyàng.

克里斯很想去看看。
Kèlǐsī hěn xiǎng qù kànkan.

✏️ 본문3을 참조하여 자신의 상황에 맞게 중국어로 서술하세요.

2 克里斯说纽约的 ＿＿＿＿＿ 没有 ＿＿＿＿＿ 。

不过，他来 ＿＿＿＿＿ 以后，已经习惯了。

我的老家是 ＿＿＿＿＿ 。

我的老家是 ＿＿＿＿＿ ，像 ＿＿＿＿＿ 一样。

克里斯很想去看看。

연습문제

1. 밑줄 친 부분에 알맞은 표현을 사용해 대화문을 완성해 보세요.

❶ A 你喜欢北京的夏天 (háishi)＿＿＿＿＿＿首尔的夏天？

　B 我喜欢 (Běijīng de xiàtiān)＿＿＿＿＿＿。

❷ A 纽约的夏天也 (zhème rè)＿＿＿＿＿＿吗？

　B 纽约的夏天没有北京热。

❸ A 你在北京习惯吗？

　B 我 (yǐjīng)＿＿＿＿＿＿习惯了。

2. 틀린 부분을 바르게 고쳐 보세요.

❶ 今年大邱比首尔不热。 올해 대구는 서울보다 덥지 않아요.

➡ ＿＿＿＿＿＿＿＿＿＿＿＿＿＿＿＿＿＿＿＿＿＿＿＿

❷ 实在北京的夏天太热了。 북경의 여름은 정말로 너무 더워요.

➡ ＿＿＿＿＿＿＿＿＿＿＿＿＿＿＿＿＿＿＿＿＿＿＿＿

❸ 纽约没有北京的夏天热。 뉴욕의 여름은 북경만큼 덥지 않아.

➡ ＿＿＿＿＿＿＿＿＿＿＿＿＿＿＿＿＿＿＿＿＿＿＿＿

❹ 你习惯吗在北京？ 너는 북경에 있는 것이 적응이 되었니?

➡ ＿＿＿＿＿＿＿＿＿＿＿＿＿＿＿＿＿＿＿＿＿＿＿＿

연습문제

3. 제시된 단어를 어순에 맞게 배열해 보세요.

❶ 我 / 秋天 / 喜欢 / 北京 / 的   나는 북경의 가을이 좋아.

→ _____

❷ 李晨 / 昆明 / 老家 / 是 / 的   리천의 고향은 곤명이다.

→ _____

❸ 一年四季 / 春天 / 像 / 一样 / 都   일 년 사계절이 모두 봄과 같아.

→ _____

❹ 我 / 机会 / 看看 / 有 / 想去   기회가 있으면 나는 한번 가보고 싶어!

→ _____

4. 아래 상황에 맞게 알맞은 중국어 표현을 말해보세요.

❶ 한국에서 가장 더운 곳은 대구이다. 그런데 올해 대구는 서울보다 덥지 않다.

→ _____

_____

❷ 크리스는 뉴욕의 여름은 북경만큼 덥지 않다고 말했다. 하지만 그는 북경에 온 이후 이미 적응이 되었다고 한다.

→ _____

_____

ALL ABOUT CHINA!

북경의 날씨와 중국 4대 난로(四大火炉)

중국은 넓은 국토 면적으로 인해 최남단의 열대에서 서부의 건조기후, 동북삼성의 냉대에 이르기까지 다양한 기후를 가지고 있다.

중국의 수도 북경은 한국과 비슷한 사계절을 가지고 있으나, 여름은 고온건조한 기후로 인해 더 덥고, 겨울은 한랭건조한 기후로 인해 더 춥다는 특징을 가진다. 특히 여름 장마로 고생하는 우리나라와 달리 북경은 여름 최고 기온이 40℃까지 오르지만 비가 거의 오지 않아 매우 건조하다. 2012년에는 61년만의 폭우로 북경의 일부지역이 침수되고 만리장성이 붕괴되기도 했으나, 우리나라처럼 매년 장마기간이 있는 것은 아니다.

南昌의 여름 모습

박지원의 열하일기에 나오는 피서산장(避暑山庄 Bìshǔ shānzhuāng, 하북성(河北省 Héběishěng) 승덕시(承德市 Chéngdéshì) 쌍교구(双桥区 Shuāngqiáoqū)에 위치)은 청(清)나라 황제가 북경의 더운 여름을 피해 사용하던 여름 궁전이었다고 하니, 북경의 여름이 얼마나 더운지를 알게 해준다.

여름궁전, 避暑山庄

북경 외에도 중국에는 4대 난로(四大火炉 sì dà huǒlú)로 불리는 지역이 존재한다. 초기에는 중경(重庆 Chóngqìng), 무한(武汉 Wǔhàn), 남창(南昌 Nánchāng), 장사(长沙 Chángshā)였으나, 지구 온난화와 지역별 산업화의 영향으로 인해 2010년에는 중경, 복주(福州 Fúzhōu), 항주(杭州 Hángzhōu), 남창이 4대 지역으로 선정되었다.

특히, 남경(南京 Nánjīng), 중경, 무한, 남창 등과 같은 도시들은 바람까지 불지 않는(满城无风 mǎnchéng wúfēng) 고온건조한 여름 날씨로 유명하다. 이들 도시들은 여름철 기온이 35℃이상인 날이 매년 평균 19.3일, 37℃이상인 날은 4.5일에 달하고 밤 최저기온이 28℃이상인 날이 13.2일, 밤 최저기온이 30℃이상인 날도 1.9일이나 된다.

武汉의 여름 모습

福州의 여름 모습

重庆의 여름 모습

5 과

我选了七门课。
Wǒ xuǎn le qī mén kè.

나는 일곱 과목을 선택했어.

기본문장

1. **从星期一到星期四有课。**
   Cóng xīngqīyī dào xīngqīsì yǒu kè.
   월요일부터 목요일까지 수업이 있어.

2. **我得准备毕业考试。**
   Wǒ děi zhǔnbèi bìyè kǎoshì.
   나는 졸업 시험을 준비해야 해.

3. **你能教我二胡吗?**
   Nǐ néng jiāo wǒ èrhú ma?
   너는 나에게 얼후를 가르쳐 줄 수 있니?

Key Point

从……到……

조동사1 得

조동사2 能

이중목적어 동사 教

새로 나온 단어 🎧 05-1

☐ 选	xuǎn	동	선택하다, 고르다
☐ 门	mén	양	과목 [과목을 세는 단위]
☐ 每天	měitiān	명	매일
☐ 从	cóng	개	~로부터
☐ 到	dào	개 ~까지 동 도착하다
☐ 开始	kāishǐ	동	시작하다
☐ 挺	tǐng	부	꽤, 대단히, 상당히
☐ 轻松	qīngsōng	형	부담이 없다, 수월하다, 가볍다
☐ 嘛	ma	조	문장 제일 끝에 쓰여 당연함을 나타냄
☐ 哪儿啊	nǎr a		그럴리가
☐ 得	děi	조	~해야 한다
☐ 毕业	bìyè	명 졸업 동 졸업하다
☐ 考试	kǎoshì	명	시험
☐ 怎么了	zěnme le		무슨 일이야?, 어떻게 된 거야?
☐ 能	néng	조동	(주로 자신의 능력과 관련된) ~할 수 있다
↔ 不能	bù néng	조동	(주로 자신의 능력과 관련된) ~할 수 없다
☐ 教	jiāo	동	가르치다, 전수하다
☐ 二胡	èrhú	명	(중국 전통악기) 얼후, 이호
☐ 拉	lā	동	당기다, 끌다, (현악기를) 타다, 연주하다
☐ 告诉	gàosu	동	알리다, 말하다
☐ 觉得	juéde	동	~라고 생각하다, ~라고 여기다, ~라고 느끼다
☐ 所以	suǒyǐ	접	그래서, 그러므로

• **기본문장 알기**

🎧 05-2

1 从星期一到星期四有课。

Cóng xīngqīyī dào xīngqīsì yǒu kè. ▶ 월요일부터 목요일까지 수업이 있어.

Key Point 从……到……

① '从'은 '~로 부터'로 시작점을 나타내고 '到'는 '~까지'로 도착점을 나타낸다. 주로 시간, 거리, 범위 등을 나타낼 때 사용된다.

기본 형식	从 A 到 B
시간	从一点到三点我有汉语课。 Cóng yì diǎn dào sān diǎn wǒ yǒu Hànyǔ kè. 1시부터 3시까지 나는 중국어 수업이 있어.
범위	考试内容是从第一课到第三课。 Kǎoshì nèiróng shì cóng dì yī kè dào dì sān kè. 시험 내용은 1과에서 3과까지야.
거리	从这儿到机场很近。 Cóng zhèr dào jīchǎng hěn jìn. 여기서 공항까지는 가까워.

② '从'은 단독으로 쓰일 수 있다.

예문 从今天开始我要学习汉语。 Cóng jīntiān kāishǐ wǒ yào xuéxí Hànyǔ.
나는 오늘부터 중국어를 공부하려고 해.

문장 활용하기

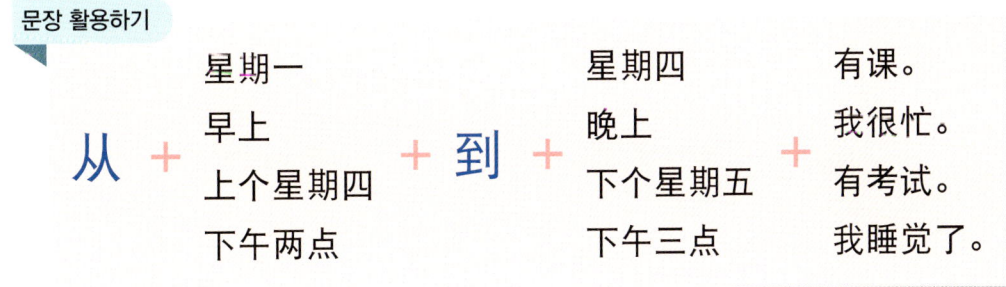

05 我选了七门课。 나는 일곱 과목을 선택했어. **77**

- '到'는 동사로 '도착하다'의 의미를 가진다.

  예문　A　你们**到**哪儿了？ Nǐmen dào nǎr le?
  　　　　　너희들 어디에 도착했니?

  　　　B　我们**到**学校门口了。 Wǒmen dào xuéxiào ménkǒu le.
  　　　　　우리는 학교 입구에 도착했어.

단어　内容 nèiróng 명 내용 / 机场 jīchǎng 명 공항 / 近 jìn 형 가깝다 / 晚上 wǎnshang 명 저녁 / 上个星期 shàng ge xīngqī 지난주 / 下个星期 xià ge xīngqī 다음 주 / 睡觉 shuìjiào 동 (잠을) 자다 / 门口 ménkǒu 명 입구, 현관

🎧 05-3

2　我得准备毕业考试。

Wǒ děi zhǔnbèi bìyè kǎoshì.　▶ 나는 졸업 시험을 준비해야 해.

Key Point　조동사1　得

① '得'는 조동사로 사용되어 '~해야 한다'의 의미를 가지며, 이 때 'děi'라고 발음해야 한다.
② 부정형은 '不用'으로 '~할 필요 없다'이다.

긍정문	我**得**准备期中考试。　Wǒ děi zhǔnbèi qīzhōng kǎoshì. 나는 중간고사를 준비해야 해.
부정문	我**不用**准备期中考试。　Wǒ bú yòng zhǔnbèi qīzhōng kǎoshì. 나는 중간고사를 준비할 필요가 없어.
의문문	你**得**准备期中考试**吗**？　Nǐ děi zhǔnbèi qīzhōng kǎoshì ma? 너는 중간고사를 준비해야 하니?

문장 활용하기

我　　　　　　　　准备汉语考试。
我们　＋　**得**　＋　做作业。
你　　　　　　　　休息休息。
你们　　　　　　　看看这本书。

 Tip!

- '得'와 비슷한 용법으로 '应该(yīnggāi)'가 있다. '应该'는 '마땅히(당연히) ~해야 한다'의 의미로, 당연히 해야 하는 의무를 강조한다.

  예문 我们**应该**好好学习汉语！Wǒmen yīnggāi hǎohǎo xuéxí Hànyǔ!
  우리는 마땅히 열심히 중국어를 공부해야 한다.

단어 期中考试 qīzhōng kǎoshì 명 중간고사 / 好好 hǎohǎo 부 잘, 열심히, 전력을 기울여

🎧 05-4

3 你能教我二胡吗？

Nǐ néng jiāo wǒ èrhú ma? ▶ 너는 나에게 얼후를 가르쳐 줄 수 있니?

Key Point 1 조동사2 能

① '能'은 조동사로 주로 능력과 관련된 표현을 나타낼 때 사용된다. 의미는 '~할 수 있다'이며, 부정형은 '不能'이다.

긍정문	我能说汉语。Wǒ néng shuō Hànyǔ. 나는 중국어를 말할 수 있어.
부정문	我不能说汉语。Wǒ bù néng shuō Hànyǔ. 나는 중국어를 말할 수 없어.
의문문	你能说汉语吗？Nǐ néng shuō Hànyǔ ma? 너는 중국어를 말할 수 있니?

 Tip!

'能'은 다음과 같은 상황에서 사용될 수 있다.

가능성	A 明天你能来吗？Míngtiān nǐ néng lái ma? 내일 너는 올 수 있어? B 不能。明天我很忙。Bù néng. Míngtiān wǒ hěn máng. 올 수 없어. 내일 나는 매우 바빠.
추측	A 这个菜你能做吗？Zhè ge cài nǐ néng zuò ma? 이 요리 너는 만들 수 있니? B 我看没问题，我能做！Wǒ kàn méi wèntí, wǒ néng zuò! 제가 보기에는 문제 없어요, 저는 만들 수 있어요!
허가	A 这儿能抽烟吗？Zhèr néng chōuyān ma? 여기서 담배를 피워도 되나요? B 对不起，这儿不能抽烟。Duìbuqǐ, zhèr bù néng chōuyān. 죄송합니다. 여기서는 담배를 피우면 안됩니다.

Key Point 2 이중목적어 동사 教

'教'는 목적어를 두 개 가지는 동사로 '~에게 ~를 가르치다'의 의미를 가지며, 이 때 'jiāo'라고 발음해야 한다.

기본 형식	사람 + 教 + 직접목적어(사람) + 간접목적어(내용)
긍정문	王老师教我们汉语。 Wáng lǎoshī jiāo wǒmen Hànyǔ. 선생님은 우리에게 중국어를 가르쳐 주신다.
의문문	他教你们什么？ Tā jiāo nǐmen shénme? 그는 너희들에게 무엇을 가르치니? 他教谁汉语？ Tā jiāo shéi Hànyǔ? 그는 누구에게 중국어를 가르쳐주니?

② 두 개의 목적어를 가지는 동사에는 '给', '告诉', '问' 등이 있다.

예문 我给你一百块吧！ Wǒ gěi nǐ yìbǎi kuài ba! 내가 너에게 100위안을 줄게!

老师告诉我们明天不上课。 Lǎoshī gàosu wǒmen míngtiān bú shàngkè.
선생님이 우리에게 내일 수업을 하지 않는다고 알려주었다.

我问你一个问题。 Wǒ wèn nǐ yí ge wèntí. 내가 너에게 질문 한 개 할게.

문장 활용하기

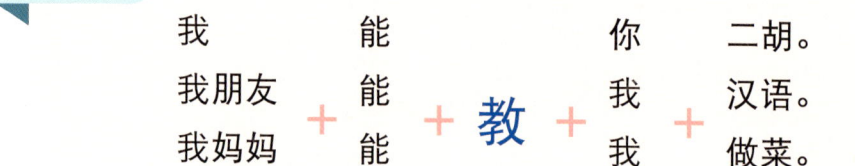

단어 抽烟 chōuyān 동 담배를 피우다 / 做菜 zuòcài 동 요리를 하다, 음식을 하다 / 泡菜 pàocài 명 김치

본문 익히기 1

🎧 05-5

张丽红　克里斯，这个学期你选了几门课？
　　　　　Kèlǐsī, zhè ge xuéqī nǐ xuǎn le jǐ mén kè?

> 学期 학기
> 开学 kāixué 개학하다.
> 放假 fàng jià 방학하다
> 期中 qīzhōng 학기 중간
> 期末 qīmò 학기 말

克里斯　我选了七门课。
　　　　　Wǒ xuǎn le qī mén kè.

张丽红　那么多！每天都有课吗？
　　　　　Nàme duō!　Měitiān dōu yǒu kè ma?

克里斯　不是，从星期一到星期四有课，❶
　　　　　Bú shì, cóng xīngqīyī dào xīngqīsì yǒu kè,

　　　　　星期五没有课。你呢？
　　　　　xīngqīwǔ méiyǒu kè.　Nǐ ne?

张丽红　从星期一到星期三有课，从星期四开始没有课。
　　　　　Cóng xīngqīyī dào xīngqīsān yǒu kè, cóng xīngqīsì kāishǐ méiyǒu kè.

克里斯　这个学期你挺轻松的嘛！
　　　　　Zhè ge xuéqī nǐ tǐng qīngsōng de ma!

张丽红　哪儿啊！我得准备毕业考试。❷
　　　　　Nǎr a!　Wǒ děi zhǔnbèi bìyè kǎoshì.

> 어기조사 '嘛'는 문장 끝에서 당연함을 나타낸다.
> 예 本来就是嘛。Běnlái jiùshì ma.
> 　　본래 그렇잖아.
> 　　可不是嘛。Kě bú shì ma.
> 　　그러게 말이야.

본문 익히기 2

🎧 05-6

梁导喜 李晨，这个星期五你有时间吗？
Lǐchén, zhè ge xīngqīwǔ nǐ yǒu shíjiān ma?

李晨 星期五我从九点到十二点上课。
Xīngqīwǔ wǒ cóng jiǔ diǎn dào shí'èr diǎn shàngkè.

梁导喜 下课以后，你做什么？
Xiàkè yǐhòu, nǐ zuò shénme?

李晨 没什么事儿。怎么了？
Méi shénme shìr.　Zěnme le?

梁导喜 那，你能教我二胡吗？❸
Nà, nǐ néng jiāo wǒ èrhú ma?

李晨 你怎么知道我会拉二胡？
Nǐ zěnme zhīdào wǒ huì lā èrhú?

梁导喜 是海镇告诉我的。你能不能教我？
Shì Hǎizhèn gàosu wǒ de.　Nǐ néng bu néng jiāo wǒ?

李晨 能！没问题！
Néng!　Méi wèntí!

---

(1) 연주하다, 뜯다
拉小提琴 lā xiǎotíqín 바이올린을 연주하다
(2) 손을 잡다, 끌어 당기다
拉手 lāshǒu 손을 잡다
拉关系 lā guānxi 연줄을 대다

본문 익히기 3

🎧 05-7

1 这个学期我选了七门课。
Zhè ge xuéqī wǒ xuǎn le qī mén kè.

从星期一到星期四有课。
Cóng xīngqīyī dào xīngqīsì yǒu kè.

张丽红从星期一到星期三有课，
Zhāng Lìhóng cóng xīngqīyī dào xīngqīsān yǒu kè,

从星期四开始没有课。
cóng xīngqīsì kāishǐ méiyǒu kè.

我觉得她这个学期挺轻松的。
Wǒ juéde tā zhè ge xuéqī tǐng qīngsōng de.

不过，她说她得准备毕业考试。
Búguò, tā shuō tā děi zhǔnbèi bìyè kǎoshì.

✏️ 본문3을 참조하여 자신의 상황에 맞게 중국어로 서술하세요.

1 这个学期我选了 _____ 。

从 _____ 到 _____ 有课。

从 _____ 开始我没有课。

본문 익히기 3

🎧 05-8

2 我想学拉二胡。
Wǒ xiǎng xué lā èrhú.

朴海镇告诉我李晨会拉二胡。
Piáo Hǎizhèn gàosu wǒ Lǐchén huì lā èrhú.

我问李晨能不能教我拉二胡。
Wǒ wèn Lǐchén néng bu néng jiāo wǒ lā èrhú.

他说星期五从九点到十二点有课,
Tā shuō xīngqīwǔ cóng jiǔ diǎn dào shí'èr diǎn yǒu kè,

下午没有事,所以星期五下午能教我拉二胡。
Xiàwǔ méiyǒu shì, suǒyǐ xīngqīwǔ xiàwǔ néng jiāo wǒ lā èrhú.

✏️ 본문3을 참조하여 자신의 상황에 맞게 중국어로 서술하세요.

2 我想学_____。

我朋友会_____。

我问我朋友他能不能_____。

我朋友从_____到_____有课。

我朋友说_____能教我。

연습문제

1. 밑줄 친 부분에 알맞은 표현을 사용해 대화문을 완성해 보세요.

   ❶ A 这个学期你挺轻松的嘛！

   B (Nǎr a) _____！我 (děi) _____ 准备毕业考试。

   ❷ A 这个星期二你有课吗？

   B 我 (cóng) _____ 九点 (dào) _____ 十二点有课。

   ❸ A 你能 (jiāo) _____ 我二胡吗？

   B 你 (zěnme) _____ 知道我 (huì) _____ 拉二胡。

2. 틀린 부분을 바르게 고쳐 보세요.

   ❶ 你选了几课？ 너는 몇 과목을 선택했니?

   → _____

   ❷ 一点从三点到上课。 1시부터 3시까지 수업을 들어.

   → _____

   ❸ 我准备得毕业考试。 나는 졸업 시험을 준비해야 해.

   → _____

   ❹ 我没能教你二胡。 나는 너에게 얼후를 가르쳐 줄 수 없어.

   → _____

연습문제

3. 제시된 단어를 어순에 맞게 배열해 보세요.

❶ 我 / 星期四 / 从 / 开始 / 课 / 没有   나는 목요일부터 시작해서 수업이 없어.

→ _____

❷ 怎么 / 你 / 我 / 二胡 / 会 / 拉 / 知道
너는 내가 얼후를 연주할 수 있다는 것을 어떻게 알았니?

→ _____

❸ 我 / 这 / 个 / 挺 / 学期 / 轻松 / 觉得 / 的
나는 이번 학기에 정말 부담이 없다고 느꼈다.

→ _____

4. 아래 상황에 맞게 알맞은 중국어 표현을 말해보세요.

❶ 나는 일곱 과목을 선택했다. 월요일부터 수요일까지 수업이 있고, 목요일부터 시작해서 수업이 없다.

→ _____
_____

❷ 나는 리첸에게 나에게 얼후를 연주하는 것을 가르쳐 줄 수 있는지 없는지를 물어보았다. 그는 금요일 오후에 나에게 얼후를 연주하는 것을 가르쳐 줄 수 있다고 말했다.

→ _____
_____

ALL ABOUT CHINA!

중국의 대학생——수강신청과 방학생활

1. 수강신청(选课 xuǎnkè)

중국 대학생들도 한국 대학생들처럼 학교 홈페이지를 통해 수강신청(选课 xuǎnkè)을 하며, 대학들은 수강신청 안내(选课指南 xuǎnkè zhǐnán)를 배포해 학생들이 손쉽게 과목에 대한 설명을 열람하고 수강신청을 할 수 있도록 도와준다.

학생들은 교양과목(公共选修课 gōnggòng xuǎnxiūkè)과 전공과목(专业选修课 zhuānyè xuǎnxiūkè)을 선택할 수 있으며, 학교마다 영어(英语 Yīngyǔ)와 외국어(外语类 wàiyǔlèi)는 교양과목과 전공과목으로 구분하지 않고 필수과목(必修课 bìxiūkè)으로 지정해 두기도 한다. 일반적으로 4년제의 경우, 총 140에서 200학점을 이수하도록 하고 있다.

과거에 중국은 성적을 매길 때 한국과 달리 백분율을 통해 점수로 표기(60점 이하는 과락)했었다. 그러나 1994년 당시 81점이었던 대학생 평균 점수가 2014년에는 86점으로 상승했으며, 총점 85점 이상의 비율이 1994년 19%에서 2014년에는 62%까지 늘어났다. 이러한 학점인플레 현상(GPA通胀 GPA tōngzhàng)으로 인해 청화대학(清华大学 Qīnghuá Dàxué)의 경우 2015년부터 한국과 같은 평점 방식을 도입했다.

2. 방학생활

중국 대학생들도 여름방학과 겨울방학을 맞이한다. 여름방학은 대부분 7월 첫 주에 실시해 8월 말에서 9월 초에 신학기를 시작하며, 겨울방학은 대부분 1월 8일에서 15일 사이에 시작해, 2월 15일 즈음 개학을 한다.

'대학생의 방학생활(关于大学生假期生活 guānyú dàxuéshēng jiàqī shēnghuó)' 보고서에 따르면 중국 대학생들의 방학생활 유형은 크게 4가지로 구분된다. 첫째, 인턴활동과 아르바이트, 둘째, 공부 및 학원, 셋째, 여행 및 휴가관광, 넷째, 집에서 무료하게 지내기이다.

중국 대학생들도 한국 대학생들처럼 대부분 졸업 이후의 취업을 위한 방학을 보내고 있다. 특히, 지식이 곧 경쟁력(知识就是力量 Zhīshi jiùshì lìliang)이라는 말처럼 중국 대학생들은 방학을 더 나은 미래를 위해 투자하고 있다. 또한, 중국의 교육과정은 한국과 달리 1학기가 9월에 시작되기 때문에 여름방학은 새학기를 준비하기 위한 '황금시기'로 '전문대·본과 편입', '유학', '석사준비반' 등의 학원이 호황을 누린다고 한다.

6과

你哪儿不舒服？
Nǐ nǎr bù shūfu?

너는 어디가 아프니?

> **기본문장**

1. **肚子越来越疼了。**
   Dùzi yuèláiyuè téng le.
   배가 갈수록 아파.

2. **你能扶我下去吗?**
   Nǐ néng fú wǒ xiàqù ma?
   너는 나를 부축해서 내려갈 수 있어?

3. **在宿舍休息了一天。**
   Zài sùshè xiūxi le yì tiān.
   기숙사에서 하루 쉬었어.

> **Key Point**

越来越……

단순방향보어

시량보어

새로 나온 단어 🎧 06-1

☐ 脸色	liǎnsè	명	안색, 얼굴색
☐ 苍白	cāngbái	형	창백하다
☐ 肚子	dùzi	명	배, 복부
☐ 舒服	shūfu	형	(몸이) 편안하다
↔ 不舒服	bù shūfu	형	(몸이) 아프다, 편치 않다
☐ 越来越	yuèláiyuè		갈수록, 더욱더, 점점
☐ 疼	téng	형	아프다
☐ 带	dài	동	지니다, 휴대하다, 이끌다
☐ 扶	fú	동	부축하다, 일으키다
☐ 下去	xiàqù	동	내려가다
☐ 小心	xiǎoxīn	동	조심하다, 조심스럽다, 주의하다
☐ 喂	wéi	감	(전화상에서) 여보세요
☐ 旅行	lǚxíng	동	여행
☐ 感冒	gǎnmào	동	감기에 걸리다　명 감기
☐ 嗓子	sǎngzi	명	목구멍, 목소리
☐ 头	tóu	명	머리
☐ 浑身	húnshēn	명	온몸, 전신
☐ 完	wán	동	마치다, 끝나다　형 다 소모하다, 없어지다
☐ 药	yào	명	약
☐ 宿舍	sùshè	명	기숙사
☐ 一天	yìtiān		하루
☐ 而且	érqiě	접	게다가, 뿐만 아니라
☐ 同意	tóngyì	동	동의하다, 허락하다
☐ 好像	hǎoxiàng	부	마치 ~와 같다

기본문장 알기

🎧 06-2

1 肚子越来越疼了。

Dùzi yuèláiyuè téng le. ▶ 배가 갈수록 아파.

Key Point 越来越……

'越来越……'는 시간의 흐름에 따른 정도변화를 나타내며 한국어의 '갈수록 ~하다'에 해당한다. 단, 동사의 경우에는 '想', '喜欢', '害怕', '爱' 등의 심리 동사만 사용할 수 있다.

기본 형식 越来越 + 형용사/동사(변화 의미)

越来越 + 형용사	越来越漂亮了。Yuèláiyuè piàoliang le. 갈수록 예뻐졌다. 越来越帅了。Yuèláiyuè shuài le. 갈수록 멋지게 변했다.
越来越 + 동사	越来越喜欢汉语了。Yuèláiyuè xǐhuan Hànyǔ le. 점점 중국어가 좋아졌다. 越来越害怕他了。Yuèláiyuè hàipà tā le. 점점 그가 무서워졌다.

문장 활용하기

肚子　　　　　　　　　　　　　　疼了。
他的身体　　　　　　　　　　　　好了。
她的女儿　　+ 越来越 +　　　　漂亮了。
他　　　　　　　　　　　　　　　胖了。

Tip!

- '越A越B'의 형태로, 'A할수록 B하다'는 뜻을 나타내기도 한다.

  예문 汉语越学越难。Hànyǔ yuè xué yuè nán. 중국어는 배울수록 어렵다.

  　　　这部小说越看越有意思。Zhè bù xiǎoshuō yuè kàn yuè yǒuyìsi.
  　　　이 소설은 볼수록 재미있다.

 **단어** 帅 shuài 형 잘생기다, 멋지다 / 身体 shēntǐ 명 몸, 신체 / 女儿 nǚ'ér 명 딸 / 胖 pàng 형 뚱뚱하다 / 部 bù 양 편, 부 [서적이나 영화 편수 등을 세는 단위] / 小说 xiǎoshuō 명 소설

2 你能扶我下去吗？

Nǐ néng fú wǒ xiàqù ma? ▶ 너는 나를 부축해서 내려갈 수 있어?

Key Point 단순방향보어

① 방향보어는 술어 뒤에 놓여 동작의 방향을 나타내는 보어로, 단순방향보어와 복합방향보어로 나뉜다.
② 단순방향보어는 말하는 사람을 기준으로 하나의 방향만을 가리킨다.

기본 형식 동사 + 단순방향보어

동사 + 来	走来 zǒulái 걸어오다	进来 jìnlái 들어오다	回来 huílái 돌아오다
동사 + 去	走去 zǒuqù 걸어가다	进去 jìnqù 들어가다	回去 huíqù 돌아가다

문장 활용하기

你能扶我　　下去吗?
你能和我　+　回去吗?
你能　　　　回来吗?
你能　　　　下来吗?

• '上', '下', '进', '出', '回', '过', '起', '开' 등도 단순방향보어로 쓰인다.

동사 + 上/下	走上楼 zǒushàng lóu 걸어서 계단을 올라가다 走下楼 zǒuxià lóu 걸어서 계단을 내려가다
동사 + 进/出	走进教室 zǒujìn jiàoshì 걸어서 교실로 들어가다 走出教室 zǒuchū jiàoshì 걸어서 교실에서 나가다
동사 + 回	走回家 zǒuhuí jiā 걸어서 집으로 돌아가다
동사 + 过	走过教室 zǒuguò jiàoshì 걸어서 교실을 지나치다
동사 + 起	拿起书 náqǐ shū 책을 들다
동사 + 开	走开 zǒukāi 걸어서 떠나다

3. 在宿舍休息了一天。

Zài sùshè xiūxi le yì tiān. ▶ 기숙사에서 하루 쉬었어.

Key Point 시량보어

① 시량보어는 서술어 뒤에서 동작이나 상태가 지속되는 시간의 길이를 나타낸다.

기본 형식	동사/형용사 + (了) + 기간
동사	我坐了两个小时 Wǒ zuò le liǎng ge xiǎoshí. 나는 두 시간 앉아 있었다.
형용사	我比他快了五分钟 Wǒ bǐ tā kuài le wǔ fēnzhōng. 나는 그보다 5분 빨랐다.

② 목적어가 있을 경우, 두 가지 방식을 취한다.

동사 + 목적어 + 기간	我学汉语学了一年。Wǒ xué Hànyǔ xué le yì nián. 나는 중국어를 1년 배웠다.
동사 + 기간 + 목적어	我学了一年汉语。Wǒ xué le yì nián Hànyǔ. 나는 중국어를 1년 배웠다.

③ 목적어의 성질에 따라 목적어의 위치가 달라진다.

명사	사물 관련 명사	我看了一个小时汉语书。Wǒ kàn le yí ge xiǎoshí Hànyǔ shū. 나는 중국어책을 한 시간 봤어.
	사람 관련 명사	我等了一会儿班长。Wǒ děng le yíhuìr bānzhǎng. 나는 반장을 잠시 기다렸어. 我等了班长一会儿。Wǒ děng le bānzhǎng yíhuìr. 나는 반장을 잠시 기다렸어.
대명사	인칭대명사	我等了他一个小时。Wǒ děng le tā yí ge xiǎoshí. 나는 그를 한 시간 기다렸어.

문장 활용하기

我在宿舍		休息了		一天。
我在银行	+	工作了	+	五年。
我		看了		一个小时。
他		等了		十分钟。

- 동태조사 '了' 앞에 출현하는 동사의 성질에 따라 문장의 의미가 조금씩 달라진다.

동작동사	那部小说我看了一天，还没看完。 Nà bù xiǎoshuō wǒ kàn le yì tiān, hái méi kànwán. 그 소설을 나는 하루를 보았는데, 아직 다 보지 못했어.	동작이 지속된 시간
결과동사	他的小狗死了三天了。 Tā de xiǎogǒu sǐ le sān tiān le. 그의 강아지는 죽은 지 3일 되었어.	결과가 나타난 후 경과된 시간
상태동사	弟弟病了三天了。 Dìdi bìng le sān tiān le. 남동생은 아픈 지 3일 되었어.	상태가 나타난 후 경과된 시간
형용사	天晴了三天了。 Tiān qíng le sān tiān le. 날이 갠 지 3일 되었어.	상황이 나타난 후 경과된 시간

단어

坐 zuò 동 앉다, (교통 수단을) 타다 / 小时 xiǎoshí 명 시간 [시간을 세는 단위] / 分钟 fēnzhōng 명 (시간의) 분 / 一会儿 yíhuìr 명 잠시 / 等 děng 동 기다리다 / 班长 bānzhǎng 명 반장 / 银行 yínháng 명 은행 / 小狗 xiǎogǒu 명 강아지 / 死 sǐ 동 죽다 / 病 bìng 동 병나다, 앓다, 아프다 / 晴 qíng 형 (하늘이) 맑다, 날씨가 개다

본문 익히기 1

🎧 06-5

张丽红 导喜，你怎么了？脸色这么苍白！
Dǎoxǐ, nǐ zěnme le? Liǎnsè zhème cāngbái!

梁导喜 我肚子不舒服。
Wǒ dùzi bù shūfu.

> '舒服'는 '(기분·마음이) 편안하다, 쾌적하다'는 뜻도 있다.
> 예 在家休息，真舒服！Zài jiā xiūxi, zhēn shūfu.
> 집에서 쉬니까 정말 편안해.

张丽红 什么时候开始的？
Shénme shíhou kāishǐ de?

梁导喜 从今天早上开始的。肚子越来越疼了。❶
Cóng jīntiān zǎoshang kāishǐ de. Dùzi yuèláiyuè téng le.

张丽红 我带你去医院吧！
Wǒ dài nǐ qù yīyuàn ba!

梁导喜 谢谢！你能扶我下去吗？❷
Xièxie! Nǐ néng fú wǒ xiàqù ma?

张丽红 当然！小心点儿！
Dāngrán! Xiǎoxīn diǎnr!

> 小心台阶。Xiǎoxīn táijiē. 계단을 조심해.
> 小心地滑。Xiǎoxīn dìhuá. 바닥이 미끄러우니 조심해.
> 小心跌倒。Xiǎoxīn diēdǎo. 넘어질라 조심해.

본문 익히기 2

🎧 06-6

克里斯 喂，海镇，你今天怎么没来上课？
Wéi, Hǎizhèn, nǐ jīntiān zěnme méi lái shàngkè?

朴海镇 旅行回来以后，我感冒了。
Lǚxíng huílái yǐhòu, wǒ gǎnmào le.

> 감기의 여러가지 증상
> 打喷嚏 dǎ pēntì 재채기를 하다
> 流鼻涕 liú bítì 콧물을 흘리다
> 发烧 fāshāo 열이 나다
> 咳嗽 késou 기침하다

克里斯 你哪儿不舒服？
Nǐ nǎr bù shūfu?

朴海镇 我嗓子很疼，头也很疼，浑身不舒服。
Wǒ sǎngzi hěn téng, tóu yě hěn téng, húnshēn bù shūfu.

克里斯 现在还不舒服吗？
Xiànzài hái bù shūfu ma?

朴海镇 吃完药以后，在宿舍休息了一天。❸ 现在好多了。
Chīwán yào yǐhòu, zài sùshè xiūxi le yì tiān. Xiànzài hǎo duō le.

克里斯 那，明天能来上课吗？
Nà, míngtiān néng lái shàngkè ma?

朴海镇 没问题。明天我能去上课。明天在学校见吧！
Méi wèntí. Míngtiān wǒ néng qù shàngkè. Míngtiān zài xuéxiào jiàn ba!

본문 익히기 3

🎧 06-7

1 我朋友导喜今天脸色很苍白,
Wǒ péngyou Dǎoxǐ jīntiān liǎnsè hěn cāngbái,

她说肚子不舒服，而且越来越疼了。
tā shuō dùzi bù shūfu, érqiě yuèláiyuè téng le.

我想带她去医院看医生。
Wǒ xiǎng dài tā qù yīyuàn kàn yīshēng.

她也同意了，所以我扶她下去了。
Tā yě tóngyì le, suǒyǐ wǒ fú tā xiàqù le.

✏️ 본문3을 참조하여 자신의 상황에 맞게 중국어로 서술하세요.

1 我朋友 _____ 今天 _____ ,

他(她)说 _____ ,

而且越来越 _____ 了。

我想带他(她) _____ 。

他(她)也同意，所以我扶他(她)下去了。

본문 익히기 3

🎧 06-8

2 我旅行回来以后，嗓子很疼，
Wǒ lǚxíng huílái yǐhòu, sǎngzi hěn téng,

头也很疼，浑身不舒服，好像感冒了。
tóu yě hěn téng, húnshēn bù shūfu, hǎoxiàng gǎnmào le.

吃完药以后，在宿舍休息了一天，现在好多了。
Chīwán yào yǐhòu, zài sùshè xiūxi le yì tiān, xiànzài hǎoduō le.

明天我能去上课了。
Míngtiān wǒ néng qù shàngkè le.

✏️ 본문3을 참조하여 자신의 상황에 맞게 중국어로 서술하세요.

2 我 _____ 回来以后，

_____ 很疼，_____ 也很疼，

浑身不舒服，好像 _____ 了。吃完药以后，

在 _____ 休息了 _____ ，现在好多了。

明天我能去 _____ 了。

연습문제

1. 밑줄 친 부분에 알맞은 표현을 사용해 대화문을 완성해 보세요.

   ❶ A 你怎么了？脸色这么苍白！

   　　B 我 (dùzi bù shūfu) _____。

   ❷ A 你哪儿不舒服？

   　　B 我 (sǎngzi) _____很疼，(tóu) _____也很疼。

   　　(Húnshēn) _____不舒服。

   ❸ A 明天能来上课吗？

   　　B 没问题。(Míngtiān wǒ néng qù shàngkè) _____。

2. 틀린 부분을 바르게 고쳐 보세요.

   ❶ 你扶我能下去吗？ 너는 나를 부축해서 내려갈 수 있어?

   → _____

   ❷ 旅行回去以后，我感冒了。 여행에서 돌아온 이후 나는 감기에 걸렸어.

   → _____

   ❸ 吃药完以后，在宿舍一天休息了。 약을 다 먹은 후, 기숙사에서 하루 쉬었어.

   → _____

   ❹ 明天见在学校吧。 내일 학교에서 보자.

   → _____

연습문제

3. 제시된 단어를 어순에 맞게 배열해 보세요.

❶ 上课 / 没 / 怎么 / 你 / 今天 / 来   너 오늘 왜 수업 들으러 안 왔어?

→ _____

❷ 肚子 / 了 / 疼 / 越来越   배가 갈수록 아파.

→ _____

❸ 我 / 你 / 医院 / 去 / 带 / 吧   내가 너를 데리고 병원에 갈게!

→ _____

❹ 不 / 还 / 现在 / 吗 / 舒服   지금도 아직 아프니?

→ _____

4. 아래 상황에 맞게 알맞은 중국어 표현을 말해보세요.

❶ 나는 그녀를 데리고 병원에 가서 진료를 받고 싶었다. 그녀도 동의해서 나는 그녀를 부축해서 내려갔다.

→ _____

_____

❷ 약을 다 먹은 후 기숙사에서 하루를 쉬었더니 지금은 많이 좋아졌다. 내일은 수업 들으러 갈 수 있게 되었다.

→ _____

_____

ALL ABOUT CHINA!

중국의 병의원

사람은 몸이 아플 때 가장 고통스럽고 힘들다. 그러나 중국에서 더욱 안타까운 것은 병원에 가서 진찰을 받기까지의 과정이 복잡하여 더 힘들다는 것이다. 실제로 중국의 대형 병원은 사람이 많고 외래 진료 과정이 복잡하여 중국인도 이용하기 어려워하는 경우가 많다.

우선 중국의 병의원은 3개 급(级 jí)으로 나뉘는데, 1급은 우리 나라의 동네 의원(小诊所 xiǎozhěnsuǒ)에 해당하고, 3급은 대형 병원에 해당한다. 그리고 각 급마다 다시 갑, 을, 병 3개 등급(等 děng)으로 나누고, 대형 병원인 3급 병원은 3개 등급 외에 특등(特等 tèděng)을 증설할 수 있다. 현재 중국 병원은 총 3급 10등급(3级10等)으로 나눌 수 있으며 가장 좋은 병원은 3급 특등(3级特等) 병원이다.

환자의 증상에 따라 응급실(急救中心 jíjiù zhōngxīn)에 가는 경우도 있고, 입원(住院 zhùyuàn)하여 한 동안 치료를 거쳐야 퇴원(出院 chūyuàn)하는 경우도 있겠지만, 그래도 많이 이용하는 것은 외래(门诊 ménzhěn)이다. 아래는 외래 진료 순서이다.

1. 진료 안내(导诊 dǎozhěn)

대형 병원의 경우 병원 입구를 들어서면 보통 안내 데스크가 있는데 자문 의사가 환자의 증상에 따라 진료 순서 및 진료 과목을 안내한다.

2. 접수(挂号 guàhào)

접수, 수납창구. 挂号收费处

중국의 대형 병원에서는 어느 과에서 진료를 받을 것인지를 환자가 알아서 접수해야 한다. 우리나라와 다른 풍경은 중국에서는 처음 병원을 방문할 경우 반드시 접수처에서 외래진료기록부(门诊病历 ménzhěn bìnglì)를 사서 진료를 받기 전에 이름, 나이, 성별 등 기본 사항을 적어두어야 한다는 것이다. 또한 대부분 병원의 응급실과 외래진료기록부는 환자 개인이 보관한다.

3. 진료대기(候诊 hòuzhěn) 및 진료(看病 kànbìng)

접수처에서 접수한 대로 해당 진료실을 찾아가서 차례를 기다리다가 진료를 받는다.

4. 수납(交费 jiāofèi)

진료를 받은 후 의사 처방에 따라 검사를 하거나 약을 짓기 전에 먼저 수납창구(收费处 shōufèichù)에서 비용을 계산해야 한다.

5. 검사(检查 jiǎnchá、化验 huàyàn) 또는 치료(治疗 zhìliáo)

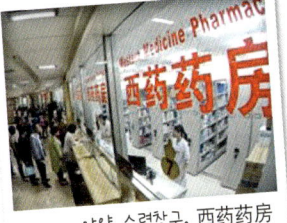

양약 수령창구. 西药药房

여러 가지 치료는 바로 받을 수 있지만, 검사를 받을 경우, 바로 결과가 나오는 것이 아니므로 대기를 해야 한다.

6. 약 수령(取药 qǔyào)

중국은 대형 병원의 경우 자체 약국에서 의사의 처방전에 따라 약을 수령한다. 이 경우, 중약(中药 zhōngyào)과 양약(西药 xīyào) 수령 장소가 다르므로, 처방전을 받고 비용을 수납한 후 확인이 필요하다.

7 과

我住院了。
Wǒ zhùyuàn le.

나는 병원에 입원했어.

기본문장

1. **我住得惯。**
   Wǒ zhù de guàn.
   나는 입원이 익숙해졌어.

2. **你后天可以出院了。**
   Nǐ hòutiān kěyǐ chūyuàn le.
   당신은 모레면 퇴원할 수 있습니다.

3. **每天吃三次，一次吃两片。**
   Měitiān chī sān cì, yí cì chī liǎng piàn.
   매일 세 번, 한 번에 두 알씩 드세요.

Key Point

가능보어1

조동사3 **可以**

동량보어

새로 나온 단어 🎧 07-1

- ☐ 住院　　　　zhùyuàn　　　　동 입원하다
  - ↔ 出院 chūyuàn 동 퇴원하다
  - ※ 住 zhù 동 머무르다, 숙박하다, 살다
- ☐ 不用　　　　búyòng　　　　부 ~할 필요없다
- ☐ 惯　　　　　guàn　　　　　형 익숙해지다, 습관이 되다
- ☐ 祝　　　　　zhù　　　　　 동 축복하다, 기원하다
- ☐ 早日　　　　zǎorì　　　　　부 일찍이, 조속히, 빨리
- ☐ 康复　　　　kāngfù　　　　동 회복하다
- ☐ 感觉　　　　gǎnjué　　　　동 느끼다　명 감각, 느낌
- ☐ 虽然　　　　suīrán　　　　 접 비록
  - ※ 虽然……但是…… suīrán……dànshì…… 비록 ~지만, 그러나 ~한다
- ☐ 还是　　　　háishi　　　　 부 여전히, 역시, 그래도
- ☐ 后天　　　　hòutiān　　　　명 모레
- ☐ 打针　　　　dǎzhēn　　　　동 주사를 맞다, 주사를 놓다
  - ※ 打 dǎ 동 치다, 때리다, 두드리다 | 针 zhēn 명 바늘, 침
- ☐ 吃药　　　　chīyào　　　　동 약을 먹다, 약을 복용하다
- ☐ 可以　　　　kěyǐ　　　　　조동 ~할 수 있다 [가능성], ~해도 된다 [상대방의 허락]
- ☐ 次　　　　　cì　　　　　　 양 차례, 번
- ☐ 片　　　　　piàn　　　　　양 알, 조각 [알약을 세는 단위]
- ☐ 大夫　　　　dàifu　　　　　명 의사

기본문장 알기

🎧 07-2

1 我住得惯。

Wǒ zhù de guàn. ▶ 나는 입원이 익숙해졌어.

Key Point 가능보어1

① 가능보어는 동사 뒤에 '得', '不'를 동반해 동작의 가능성을 나타내는 것으로, 주로 '~할 수 있다, ~할 수 없다'를 나타낸다.

기본 형식 주어 + 동사 + 得/不 + 결과

긍정문	我住得惯。Wǒ zhù de guàn. 나는 입원이 익숙해졌어.
부정문	我住不惯。Wǒ zhù bu guàn. 나는 입원이 익숙하지 않아.
의문문	你住得惯吗? Nǐ zhù de guàn ma? 너는 입원이 익숙해 졌니?
	你住得惯住不惯? Nǐ zhù de guàn zhù bu guàn? 너는 입원이 익숙해 졌니 익숙하지 않니?

② 목적어가 있을 경우, '주어 + 동사 + 得/不 + 결과(형용사) + 목적어'로 사용한다.

긍정문	我看得清楚这些字。Wǒ kàn de qīngchu zhèxiē zì. 나는 이 글자들이 분명하게 보여.
부정문	我看不清楚这些字。Wǒ kàn bu qīngchu zhèxiē zì. 나는 이 글자들이 분명하게 보이지 않아.
의문문	你看得清楚这些字吗? Nǐ kàn de qīngchu zhèxiē zì ma? 너는 이 글자들이 분명하게 보이니?

문장 활용하기

我	住得惯。	
我朋友	吃得惯	韩国菜。
他们	喝不惯	中国茶。
我们	穿不惯	这种衣服。

- 가능보어는 긍정형과 부정형이 짝을 이루어 사용되는 경우가 많다.

긍정형		부정형	
买得起 mǎi de qǐ 살 수 있다	我买得起这套房子。 Wǒ mǎi de qǐ zhè tào fángzi. 나는 이 집을 살 수 있어.	买不起 mǎi bu qǐ 살 수 없다	我买不起这套房子。 Wǒ mǎi bu qǐ zhè tào fángzi. 나는 이 집을 살 수 없어.
找得到 zhǎo de dào 찾을 수 있다	我找得到7号出口。 Wǒ zhǎo de dào qī hào chūkǒu. 나는 7번 출구를 찾을 수 있어.	找不到 zhǎo bu dào 찾을 수 없다	我找不到7号出口。 Wǒ zhǎo bu dào qī hào chūkǒu. 나는 7번 출구를 찾을 수 없어.

- '동사 + 得起'는 '~할 경제적 역량이 있다'는 의미이다.

　　예문　我买得起这种衣服。 Wǒ mǎi de qǐ zhè zhǒng yīfu.
　　　　　나는 이런 종류의 옷을 구입할 수 있다. (구입할 수 있는 경제적 역량이 있다.)

　　　　　他住得起这套房子。 Tā zhù de qǐ zhè tào fángzi.
　　　　　그는 이 집에 살 수 있다. (살 수 있는 경제적 역량이 있다.)

단어 字 zì 명 글자, 문자 / 喝 hē 동 마시다 / 茶 chá 명 차 / 种 zhǒng 양 종류 / 穿 chuān 동 입다 / 套 tào 양 세트 / 房子 fángzi 명 집 / 找 zhǎo 동 찾다 / 出口 chūkǒu 명 출구

2 你后天可以出院了。

Nǐ hòutiān kěyǐ chūyuàn le. ▶ 당신은 모레 퇴원할 수 있습니다.

Key Point 조동사3 可以

① 조동사 '可以(~할 수 있다)'는 동사 앞에 출현해 동작의 가능성을 나타낸다. 부정형은 '不能(~할 수 없다)'이다.

기본 형식: 주어 + 可以 + 동사

긍정문	你后天可以出院了。 Nǐ hòutiān kěyǐ chūyuàn le. 당신은 모레 퇴원할 수 있습니다.
부정문	你后天不能出院。 Nǐ hòutiān bù néng chūyuàn. 당신은 모레 퇴원할 수 없습니다.
의문문	我后天可以出院吗？ Wǒ hòutiān kěyǐ chūyuàn ma? 저는 모레 퇴원할 수 있을까요? 我后天可不可以出院？ Wǒ hòutiān kě bu kěyǐ chūyuàn? 저는 모레 퇴원을 할 수 있을까요 없을까요?

② '可以'는 상대방의 허락을 구할 때 '可以……吗？(~할 수 있을까요?)'로 사용한다. 부정형은 '不可以(~할 수 없다)'이다.

예문
A 我可以抽烟吗？ Wǒ kěyǐ chōuyān ma? 제가 담배를 피워도 될까요?

B 可以。Kěyǐ. (行。) (Xíng.) 됩니다.
　不可以。Bù kěyǐ. (不行。) (Bù xíng.) 안 됩니다.

문장 활용하기

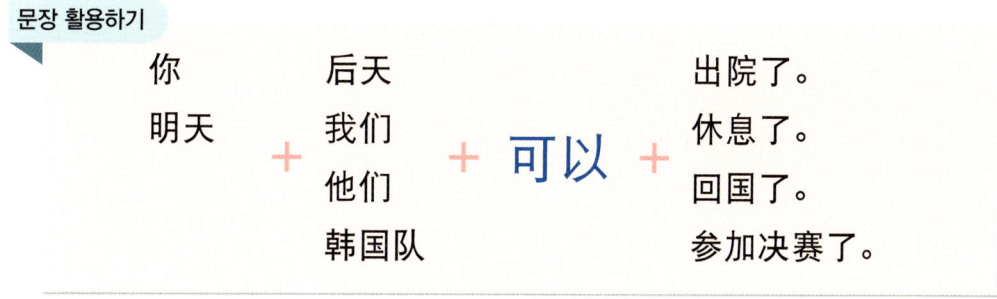

단어 抽烟 chōuyān 동 담배를 피우다 / 行 xíng 동 가능하다 / 队 duì 명 팀, 단체 / 决赛 juésài 명 결승

3. 每天吃三次，一次吃两片。

Měitiān chī sān cì, yí cì chī liǎng piàn. ▶ 매일 세 번, 한 번에 두 알씩 드세요.

Key Point 동량보어

① 보어로 쓰이는 동량사 '次'는 동작의 횟수를 나타낸다.

기본 형식: (주어) + 동사 + 동량보어

긍정문	每天吃三次。	Měitiān chī sān cì. 매일 세 번 먹어.
의문문	每天吃几次？	Měitiān chī jǐ cì? 매일 몇 번 먹니?

② 동사 뒤에 오는 목적어가 일반 명사일 경우, 기본형식은 '주어+동사+동량보어+목적어'이다. 목적어가 대명사일 경우에 기본형식은 '주어+동사+대명사+동량보어'이다.

예문 今天我见过三次老师。 Jīntiān wǒ jiàn guo sān cì lǎoshī. 오늘 나는 선생님을 세 번 봤어.

今天我见过他三次。 Jīntiān wǒ jiàn guo tā sān cì. 오늘 나는 그를 세 번 봤어.

문장 활용하기

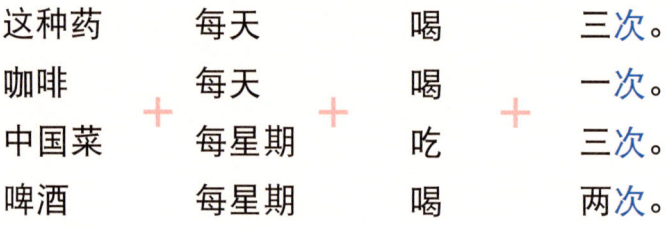

동량보어		예문
回 huí	회, 차례	北京我去过两回。 Běijīng wǒ qù guo liǎng huí. 나는 북경에 두 번 가봤어.
趟 tàng	회(왕복한 횟수)	我去一趟北京吧。 Wǒ qù yí tàng Běijīng ba. 나는 북경에 한 번 갔다 올게. (다녀올게.)
顿 dùn	끼(식사 횟수)	我吃了两顿饭。 Wǒ chī le liǎng dùn fàn. 나는 두 끼를 먹었어.
遍 biàn	회, 번(처음부터 끝까지)	这本书我看了三遍。 Zhè běn shū wǒ kàn le sān biàn. 이 책을 나는 세 번 봤어.

단어 每天 měitiān 부 매일, 날마다 / 每星期 měi xīngqī 매주 / 啤酒 píjiǔ 명 맥주

본문 익히기 1

🎧 07-5

朴海镇 导喜，听说你住院了。我想去看看你。
Dǎoxǐ, tīngshuō nǐ zhùyuàn le. Wǒ xiǎng qù kànkan nǐ.

梁导喜 你不用来了。我现在好多了。
Nǐ búyòng lái le. Wǒ xiànzài hǎo duō le.

朴海镇 你住医院住得惯吗？
Nǐ zhù yīyuàn zhù de guàn ma?

梁导喜 我住得惯。❶
Wǒ zhù de guàn.

朴海镇 那还不错。你什么时候出院？
Nà hái búcuò. Nǐ shénme shíhou chūyuàn?

梁导喜 现在还不知道。
Xiànzài hái bù zhīdào.

朴海镇 祝你早日康复出院！
Zhù nǐ zǎorì kāngfù chūyuàn!

> '祝你……'는 '~하기를 기원해(바라)'라는 뜻이다.
> 예 祝你生日快乐。Zhù nǐ shēngrì kuàilè. 생일 축하해.
> 　祝你身体健康。Zhù nǐ shēntǐ jiànkāng. 건강하기를 바라.
> 　祝你好运。Zhù nǐ hǎoyùn. 행운을 빌어.

본문 익히기 2

🎧 07-6

大夫 今天感觉怎么样?
Jīntiān gǎnjué zěnmeyàng?

> '虽然A, 但是(可是)B'는 '비록 A이지만 B 한다'의 의미이다.
> 예) 虽然天气不太冷, 可是我感冒了。
> Suīrán tiānqì bú tài lěng, kěshì wǒ gǎnmào le.
> 비록 날씨가 그다지 춥지 않지만, 그러나 나는 감기가 걸렸다.

梁导喜 虽然肚子还是疼,但是好多了。
Suīrán dùzi háishì téng, dànshì hǎo duō le.

大夫 我看,你后天可以出院了。❷
Wǒ kàn, nǐ hòutiān kěyǐ chūyuàn le.

梁导喜 那今天还要打针吗?
Nà jīntiān hái yào dǎzhēn ma?

大夫 不用了。吃药就可以了。
Búyòng le. Chīyào jiù kěyǐ le.

梁导喜 出院以后还得吃药吗?
Chūyuàn yǐhòu hái děi chīyào ma?

大夫 还得吃一个星期。
Hái děi chī yí ge xīngqī.

每天吃三次,一次吃两片。❸
Měitiān chī sān cì, yí cì chī liǎng piàn.

본문 익히기 3

🎧 07-7

1 听说，我朋友导喜住院了，我想去看看。
Tīngshuō, wǒ péngyou Dǎoxǐ zhùyuàn le, wǒ xiǎng qù kànkan.

导喜说，她现在好多了，不用来了。
Dǎoxǐ shuō, tā xiànzài hǎo duō le, búyòng lái le.

她说她在医院住得惯，
Tā shuō tā zài yīyuàn zhù de guàn,

但是她还不知道什么时候出院。
dànshì tā hái bù zhīdào shénme shíhou chūyuàn.

✏️ 본문3을 참조하여 자신의 상황에 맞게 중국어로 서술하세요.

1 听说，＿＿＿＿＿＿住院了，我想＿＿＿＿＿＿。

＿＿＿＿说，现在＿＿＿＿＿＿。

＿＿＿＿说在医院＿＿＿＿＿＿。

＿＿＿＿还不知道＿＿＿＿＿＿。

본문 익히기 3

2 我住院了。
Wǒ zhùyuàn le.

虽然肚子还是疼，但是好多了。
Suīrán dùzi háishì téng, dànshì hǎo duō le.

大夫说我后天可以出院了。
Dàifu shuō wǒ hòutiān kěyǐ chūyuàn le.

从今天开始不用打针，
Cóng jīntiān kāishǐ búyòng dǎzhēn,

吃药就可以了。
chīyào jiù kěyǐ le.

✎ 본문3을 참조하여 자신의 상황에 맞게 중국어로 서술하세요.

2 我 _____ 。虽然 _____ ,
但是 _____ 。
_____ 说我 _____ 可以 _____ 。
从 _____ 开始不用 _____ ,
_____ 就可以了。

연습문제

1. 밑줄 친 부분에 알맞은 표현을 사용해 대화문을 완성해 보세요.

   ❶ A 听说，你住院了。你住医院 (zhù de guàn ma) _____？

   　 B 住不惯。

   ❷ A 今天感觉怎么样？

   　 B (Suīrán) _____ 肚子还是疼，

   　　 (dànshì) _____ 好多了。

   ❸ A 大夫，我出院以后还 (děi) _____ 吃药吗？

   　 B 还 (děi) _____ 吃一个星期。

2. 틀린 부분을 바르게 고쳐 보세요.

   ❶ 出院以后我得还吃药。 퇴원한 이후에도 나는 여전히 약을 먹어야 한다.

   → _____

   ❷ 你住得惯住不惯吗？ 너는 입원이 익숙해졌니?

   → _____

   ❸ 每天三次吃，一次两片吃。 매일 세 번, 한 번에 두 알씩 드세요.

   → _____

   ❹ 你后天出院可以了。 당신은 모레면 퇴원할 수 있습니다.

   → _____

연습문제

3. 제시된 단어를 어순에 맞게 배열해 보세요.

❶ 虽然 / 但是 / 好多了 / 疼 / 肚子 / 还是

비록 배가 여전히 아프지만 그러나 많이 좋아졌다.

→ _____

❷ 就 / 吃 / 可以 / 药 / 了   약을 먹으면 됩니다.

→ _____

❸ 今天 / 从 / 不用 / 开始 / 打针 / 了   오늘부터 시작해서 주사를 맞을 필요가 없다.

→ _____

❹ 还 / 什么时候 / 她 / 出院 / 不知道   그녀는 언제 퇴원할지 아직 모른다.

→ _____

4. 아래 상황에 맞게 알맞은 중국어 표현을 말해보세요.

❶ 내 친구는 병원에 입원했다. 그녀는 병원에 입원해 있는게 익숙해졌다고 말했다.

→ _____

❷ 일주일을 더 먹어야 합니다. 매일 세 번, 한 번에 두 알씩 드세요.

→ _____

ALL ABOUT CHINA!

중국의 자동차 번호판

중국에서 거리를 거닐다 보면 여러 가지 색깔의 차량 번호판이 눈길을 끈다. 중국에서는 번호판의 색깔로 차량관리를 하기 때문이다. 중국의 차량 번호판은 네 가지 종류가 있다.

1. 파란색 바탕에 흰색 글자로 된 번호판
대부분 일반 자동차들이 사용한다. 정부 기관 등의 행정용 차량도 포함된다.

2. 노란색 바탕에 검은색 글자로 된 번호판
대부분 대형 차량이나 택시 등 영업용 차량이다. 공사용 차량, 화물차, 오토바이, 운전학원 연습용 차량 등이 이런 번호판을 사용한다.

일반 자동차 번호판

3. 검은색 바탕에 흰색 글자로 된 번호판
외국 기업 차량과 대사관, 영사관 차량이 이 번호판을 사용한다. 단, 대사관 차량은 빨강색의 '使(shǐ)'자, 영사관 차량은 빨강색의 '领(lǐng)'자를 쓴다.

대사관 차 번호판은 '使'로 시작

4. 흰색 바탕에 검은 글자로 된 번호판
정치법률 부문 차량들이 사용하는 번호판이다. 공안국(公安 gōng'ān), 법원(法院 fǎyuàn), 검찰(检察院 jiǎncháyuàn), 국가안전국(国安 guó'ān), 사법국(司法局 sīfǎjú), 무장경찰(武警 wǔjǐng), 군부(军队 jūnduì)의 차량들이 이런 번호판을 사용한다.

'军'으로 시작하는 군부 차 번호판

중국은 차량번호가 '지역 약자+도시 번호+차량 번호(5글자)'로 구성되기 때문에 차량번호로 어느 지역의 차량인지를 구분할 수 있다. 예를 들어 흑룡강성 하얼빈시(黑龙江哈尔滨 Hēilóngjiāng Hā'ěrbīn)의 차량은 모두 흑룡강의 약자인 '黑(Hēi)'자를 사용하고, 흑룡강성에서 제일 큰 도시인 하얼빈시를 대표하는 A로 구성되어, '黑A*****'라고 표시한다. '鲁(Lǔ)B'는 산동성 청도시(山东青岛 Shāndōng Qīngdǎo)의 차량, '冀(Jì)A'는 하북성 석가장시(河北石家庄 Héběi Shíjiāzhuāng)의 차량, '琼(qióng)A'는 해남성 해구시(海南海口 Hǎinán Hǎikǒu)의 차량임을 말해준다.

'琼A'는 해남성 해구시 차량

그리고 중국 사람들은 숫자의 발음에 따라 의미를 부여한다. 따라서 '부자가 되다'는 '发(fā)'와 발음이 비슷한 8(八 bā)과 '순조롭다(六六大顺 liùliùdàshùn)'는 뜻을 나타내는 6(六 liù)을 좋아한다. 이러한 습관은 집 전화 번호, 휴대전화 번호 등을 고를 때도 반영이 될 뿐만 아니라 차량 번호 선택에서도 사람들은 8과 6이 들어가길 원하며, 해당 번호가 많이 들어간 차량 번호는 고가에 거래되기도 한다.

8 과

我们请她吃饭吧。
Wǒmen qǐng tā chīfàn ba.

우리는 그녀를 초대해서 밥을 먹자.

기본문장

1. 我躺着看电视呢。
   Wǒ tǎngzhe kàn diànshì ne.
   나는 누워서 텔레비전을 보고 있어.

2. 我们请她吃饭吧。
   Wǒmen qǐng tā chīfàn ba.
   우리는 그녀를 초대해서 밥을 먹자.

3. 我正在路上呢。
   Wǒ zhèng zài lùshang ne.
   나는 한창 가고 있는 중이야.

Key Point

동태조사2 着
겸어문1 请
겸어문2 让
현재 진행 正……呢

새로 나온 단어 🎧 08-1

- 躺 tǎng 동 눕다, 드러눕다
- 着 zhe 조 ~하고 있다, ~해 있다 [동작이나 상태의 지속을 나타냄]
- 请 qǐng 동 초대하다, 초청하다
- 好主意 hǎo zhǔyi 좋은 생각, 굿 아이디어
- 打电话 dǎ diànhuà 전화를 걸다
  ※ 电话 diànhuà 명 전화
- 正……呢 zhèng……ne 한창 ~하는 중이다 [동작의 진행이나 상태의 지속을 나타냄]
- 路上 lùshang 명 길 가는 중, 도중
- 马上 mǎshàng 부 곧, 바로, 즉시
- 门口 ménkǒu 명 입구, 현관
- 等 děng 동 기다리다
- 先 xiān 부 우선, 먼저
- 点菜 diǎncài 동 요리를 주문하다
  ※ 点 diǎn 동 주문하다
- 快……了 kuài……le 곧 ~하다
  ※ 快 kuài 형 빠르다
- 让 ràng 동 ~시키다, ~하게 하다
- 建议 jiànyì 동 건의하다
- 于是 yúshì 접 그리하여, 그래서
- 各自 gèzì 대 각자, 제각기
- 聚餐 jùcān 동 회식하다
- 见面 jiànmiàn 동 만나다

기본문장 알기

1 08-2

> 我躺着看电视呢。
> Wǒ tǎngzhe kàn diànshì ne. ▶ 나는 누워서 텔레비전을 보고 있어.

Key Point 동태조사 着

① 동태조사 '着'는 동사나 형용사 뒤에서 동작이나 상태의 지속을 나타낸다.

기본 형식	동사 + 着
동작 지속	我在这儿等着你。 Wǒ zài zhèr děngzhe nǐ. 나는 여기서 너를 기다리고 있어.
상태 지속	他穿着大衣。 Tā chuānzhe dàyī. 그는 코트를 입고 있어. 灯一直亮着。 Dēng yìzhí liàngzhe. 불이 줄곧 켜져 있어.

② 동태조사 '着'에 대한 부정은 '没有'를 사용한다.

긍정문	他穿着大衣。 Tā chuānzhe dàyī. 그는 코트를 입고 있어.
부정문	他没有穿着大衣。 Tā méiyǒu chuānzhe dàyī. 그는 코트를 입고 있지 않아.
의문문	他穿着大衣吗? Tā chuānzhe dàyī ma? 그는 코트를 입고 있어?

③ 동태조사 '着'가 있는 문장에서, 동작·상태의 지속을 강조하기 위해 문장 끝에 '呢'를 붙인다.

예문 他站着看手机呢。 Tā zhànzhe kàn shǒujī ne. 그는 서서 휴대전화를 보고 있어.

문장 활용하기

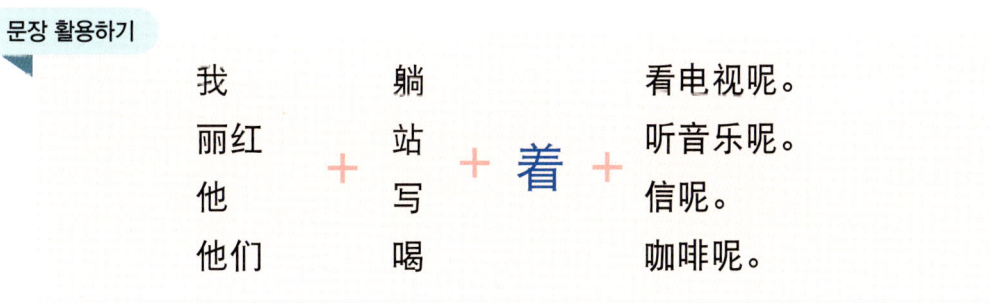

단어 大衣 dàyī 명 외투 / 穿 chuān 동 입다 / 灯 dēng 명 등, 램프 / 一直 yìzhí 부 줄곧, 계속 / 亮 liàng 형 환하다, 빛나다 / 站 zhàn 동 서다 / 手机 shǒujī 명 휴대전화 / 音乐 yīnyuè 명 음악 / 写 xiě 동 쓰다 / 信 xìn 명 편지

2 我们请她吃饭吧。

Wǒmen qǐng tā chīfàn ba. ▶ 우리는 그녀를 초대해서 밥을 먹자.

Key Point 1 겸어문1 请

① 겸어문이란 앞에 출현하는 동사의 목적어가 동시에 뒤에 출현하는 동사의 주어도 되는 문장을 가리킨다.

② '请'은 '초대하다, 초청하다'는 의미로, '请자문'은 '~를 초대하여 ~하다'는 뜻을 나타낸다.

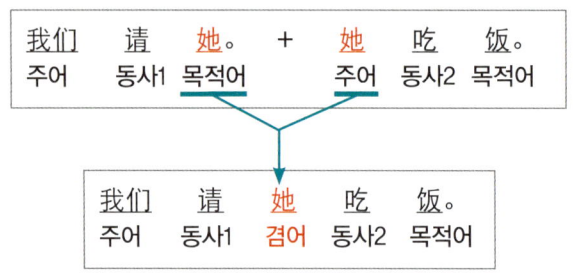

③ 겸어문의 부정은 동작이 발생했는지의 여부에 따라 달라진다. 현재와 미래일 때는 '不'를, 과거일 때는 '没有'를 사용한다.

기본 형식 A + 请 + B + 동사

현재 / 미래	의문문	你们请她吃饭吗? Nǐmen qǐng tā chīfàn ma? 너희들은 그녀를 초대해서 식사를 하니?
	긍정문	我们请她吃饭。 Wǒmen qǐng tā chīfàn. 우리는 그녀를 초대해서 식사를 해.
	부정문	我们不请她吃饭。 Wǒmen bù qǐng tā chīfàn. 우리는 그녀를 초대해서 식사를 하지 않아.
과거	의문문	你们请她吃饭了吗? Nǐmen qǐng tā chīfàn le ma? 너희들은 그녀를 초대해서 식사를 했니?
	긍정문	我们请她吃饭了。 Wǒmen qǐng tā chīfàn le. 우리는 그녀를 초대해서 식사를 했어.
	부정문	我们没有请她吃饭。 Wǒmen méiyǒu qǐng tā chīfàn. 우리는 그녀를 초대해서 식사를 하지 않았어.

문장 활용하기

단어 酒 jiǔ 명 술 / 电影 diànyǐng 명 영화

Key Point 2 겸어문2 让

'让'은 '~시키다, ~하게 하다'는 의미로, '让자문'은 '~를 하게 하다, ~를 하도록 시키다'는 뜻을 나타낸다.

기본 형식 A + 让 + B + 동사

- 她让我们先点菜。 Tā ràng wǒmen xiān diǎncài.
▶ 그녀가 우리에게 먼저 요리를 주문하라고 시켰어.

문장 활용하기

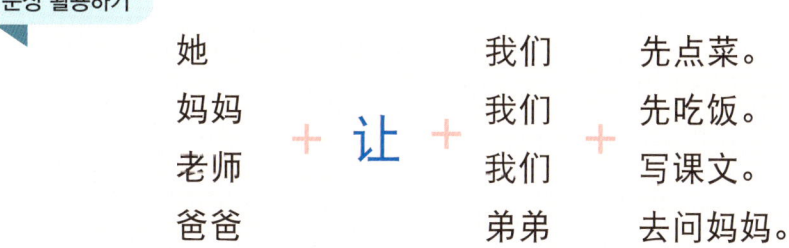

단어 课文 kèwén 명 (교과서의) 본문

08 我们请她吃饭吧。 우리는 그녀를 초대해서 밥을 먹자.

3. 我正在路上呢。

Wǒ zhèng zài lùshang ne. ▶ 나는 한창 가고 있는 중이야.

Key Point 현재 진행 正……呢

'正……呢'는 동작이 현재 진행 중임을 나타내며 '한창 ~하고 있는 중이다'는 뜻을 나타낸다.

기본 형식 正 + 동사구 + 呢

- 我正吃饭呢。 Wǒ zhèng chīfàn ne. ▶ 나는 한창 밥을 먹고 있는 중이야.
- 他正打电话呢。 Tā zhèng dǎ diànhuà ne. ▶ 그는 한창 전화를 하고 있는 중이야.

문장 활용하기

我
他   　　　　在路上
爸爸 + 正 + 写作业 + 呢。
妈妈   　　　　休息
　　　　　　　做饭

Tip!

• 동작의 진행과 동작 후의 상태 지속

동작의 진행	他正穿着大衣呢。 Tā zhèng chuānzhe dàyī ne. 그는 한창 코트를 입고 있는 중이야. (코트를 입는 동작을 진행 중임.)
동작 후의 상태 지속	他穿着大衣。 Tā chuānzhe dàyī. 그는 코트를 입고 있어. (코트를 입는 동작이 끝난 후 코트를 입은 상태가 지속됨.)

본문 익히기 1

🎧 08-5

克里斯　喂，海镇，忙吗？
　　　　Wéi, Hǎizhèn, máng ma?

朴海镇　不忙。我躺着看电视呢。❶ 有什么事儿？
　　　　Bù máng. Wǒ tǎngzhe kàn diànshì ne.　Yǒu shénme shìr?

克里斯　导喜出院了。我们请她吃饭吧。❷
　　　　Dǎoxǐ chūyuàn le. Wǒmen qǐng tā chīfàn ba.

朴海镇　好主意！
　　　　Hǎo zhǔyi!

> '主意(zhǔyi)'는 '생각, 아이디어, 방법'의 뜻을 나타낸다.
> 出主意 chū zhǔyi 아이디어를 내다, 방법을 생각해내다.
> 好注意 hǎo zhǔyi 좋은 생각
> 馊主意 sōu zhǔyi 현명하지 않은 방법, 유치한 생각.

克里斯　我现在就给她打电话！
　　　　Wǒ xiànzài jiù gěi tā dǎ diànhuà!

朴海镇　那我也问问丽红和李晨吧。
　　　　Nà wǒ yě wènwen Lìhóng hé Lǐchén ba.

克里斯　好啊！
　　　　hǎo a!

08 我们请她吃饭吧。 우리는 그녀를 초대해서 밥을 먹자.

본문 익히기 2

🎧 08-6

朴海镇 喂，导喜，你怎么还不来？
Wéi, Dǎoxǐ, nǐ zěnme hái bù lái?

梁导喜 对不起，<u>我正在路上呢</u>，❸马上就到。
Duìbuqǐ, wǒ zhèng zài lùshang ne, mǎshàng jiù dào.

朴海镇 我们在餐厅门口等着你呢！
Wǒmen zài cāntīng ménkǒu děngzhe nǐ ne!

梁导喜 不用了，你们先进去点菜吧！
Búyòng le, nǐmen xiān jìnqù diǎncài ba!

李晨 海镇，导喜到哪儿了？
Hǎizhèn, Dǎoxǐ dào nǎr le?

> '快……了'는 '곧 ~하다'는 뜻으로, 곧 발생하게 되는 상황을 설명한다.
> 예 快来了 kuài lái le 곧 온다.
>   快毕业了 kuài bìyè le 곧 졸업한다.
>   快写完了 kuài xiěwán le 곧 다 쓴다.

朴海镇 快到了，她让我们先点菜。
Kuài dào le, tā ràng wǒmen xiān diǎncài.

李晨 那我们进去点菜吧！
Nà wǒmen jìnqù diǎncài ba!

124

본문 익히기 3

🎧 08-7

1 克里斯给我来电话告诉我导喜出院了。
Kèlǐsī gěi wǒ lái diànhuà gàosu wǒ Dǎoxǐ chūyuàn le.

他建议请导喜吃饭。
Tā jiànyì qǐng Dǎoxǐ chīfàn.

我也同意他的建议。
Wǒ yě tóngyì tā de jiànyì.

于是我们各自给朋友们打电话了。
Yúshì wǒmen gèzì gěi péngyoumen dǎ diànhuà le.

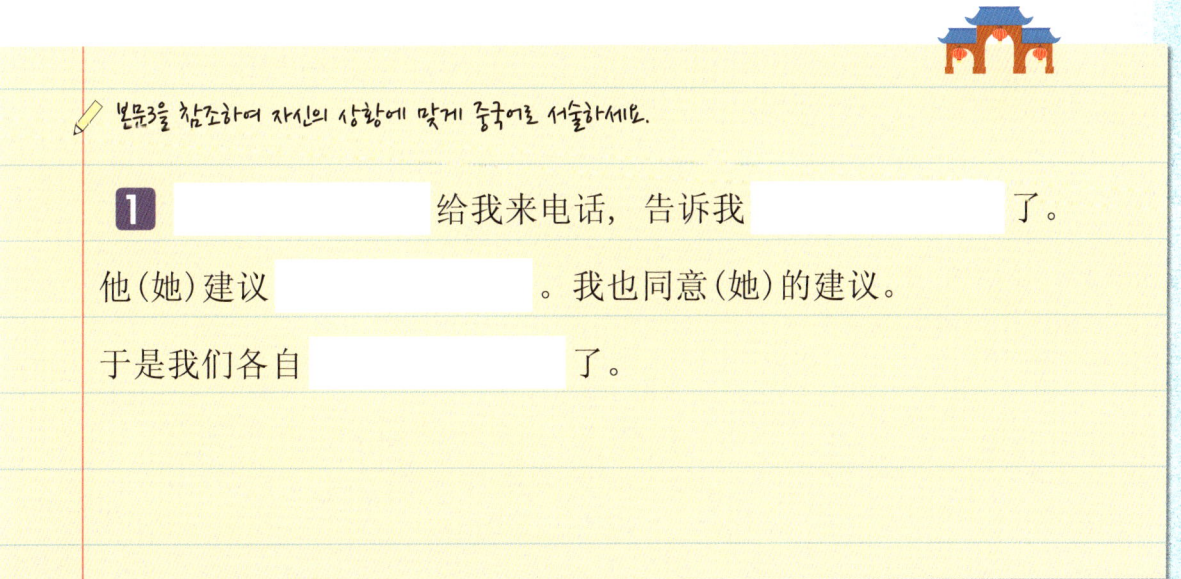

✏️ 본문3을 참조하여 자신의 상황에 맞게 중국어로 서술하세요.

1 _____ 给我来电话，告诉我 _____ 了。

他(她)建议 _____ 。我也同意(她)的建议。

于是我们各自 _____ 了。

본문 익히기 3

2 今天我们聚餐，
Jīntiān wǒmen jùcān,

说好在餐厅门口见面。
shuōhǎo zài cāntīng ménkǒu jiànmiàn.

但是导喜还没到。
Dànshì Dǎoxǐ hái méi dào.

她说她正在路上呢，
Tā shuō tā zhèng zài lùshang ne,

让我们先进去点菜。
ràng wǒmen xiān jìnqù diǎncài.

✏️ 본문3을 참조하여 자신의 상황에 맞게 중국어로 서술하세요.

2 今天我们聚餐，说好在 ＿＿＿＿ 见面。

但是他(她) ＿＿＿＿ 。

他(她)说 ＿＿＿＿ 。

让我们先进去 ＿＿＿＿ 。

1. 밑줄 친 부분에 알맞은 표현을 사용해 대화문을 완성해 보세요.

❶ A 喂，海镇，忙吗？

　B 不忙。我 (tǎngzhe kàn diànshì ne) ＿＿＿＿＿＿＿＿＿＿＿＿＿＿。

❷ A 你怎么还不来？

　B 对不起，我 (zhèng zài lùshang ne) ＿＿＿＿＿＿＿＿＿＿＿＿，马上就到。

❸ A 导喜到哪儿了？

　B 她快 (dào) ＿＿＿＿＿＿＿了，让我们先 (diǎncài) ＿＿＿＿＿＿＿。

2. 틀린 부분을 바르게 고쳐 보세요.

❶ 我也给李晨和丽红问问吧。 나도 리홍과 리천에게 좀 물어볼게.

→ ＿＿＿＿＿＿＿＿＿＿＿＿＿＿＿＿＿＿＿＿＿＿＿＿＿＿＿

❷ 我们等着你在餐厅门口呢！ 우리는 식당 입구에서 너를 기다리고 있어!

→ ＿＿＿＿＿＿＿＿＿＿＿＿＿＿＿＿＿＿＿＿＿＿＿＿＿＿＿

❸ 你们先点菜进去吧！ 너희들은 먼저 들어가서 요리를 주문해!

→ ＿＿＿＿＿＿＿＿＿＿＿＿＿＿＿＿＿＿＿＿＿＿＿＿＿＿＿

❹ 我躺看着电视呢。 나는 누워서 텔레비전을 보고 있어.

→ ＿＿＿＿＿＿＿＿＿＿＿＿＿＿＿＿＿＿＿＿＿＿＿＿＿＿＿

연습문제

3. 제시된 단어를 어순에 맞게 배열해 보세요.

❶ 我 / 她 / 电话 / 现在 / 给 / 打 / 就   내가 지금 바로 그녀에게 전화를 할게!

→ _____

❷ 他 / 导喜 / 请 / 建议 / 吃饭   그는 도희를 초대해서 밥을 먹자고 건의했다.

→ _____

❸ 正 / 马上 / 到 / 在路上 / 呢 / 我 / 就

나는 지금 한창 가고 있는 중이야 곧 도착해.

→ _____

❹ 她 / 我们 / 菜 / 先 / 让 / 点   그녀가 우리에게 먼저 요리를 주문하라고 시켰어.

→ _____

4. 아래 상황에 맞게 알맞은 중국어 표현을 말해보세요.

❶ 크리스가 나에게 전화해서 도희가 퇴원했다고 알려주었다. 그는 도희를 초대해서 밥을 먹자고 건의했다. 그리하여 우리는 각자 친구들에게 전화를 걸었다.

→ _____

_____

❷ 오늘 우리는 회식을 하기로 했고, 식당 입구에서 만나기로 약속했다. 그러나 도희는 한창 오고 있다고 말했고, 우리에게 먼저 들어가서 요리를 주문하라고 시켰다.

→ _____

_____

ALL ABOUT CHINA!

평요 고성(平遥古城)

　서주(西周 Xīzhōu) 시대부터 건설되기 시작해 2500여 년의 역사를 자랑하는 평요 고성(平遥古城 Píngyáo gǔchéng)은 산서성(山西省 Shānxīshěng) 중부에 위치한 평요현(平遥县 Píngyáoxiàn) 내에 있다. 평요 고성은 14세기 한나라의 고대 유적으로, 고성(古城 gǔchéng)을 중심으로 둘레 6,163미터의 성벽이 도시를 둘러싸고 있는데, 탑 4개와 망루 72개가 있다. 도시 주변에는 300군데 이상의 유적이 남아 있으며, 명(明)·청(清) 시대의 주거지가 4,000채 이상 보존되어 있는데, 이는 약 5세기 동안의 중국 왕조의 건축 양식과 도시 계획의 변화를 잘 보여준다. 또한 성벽, 상점, 시가지, 사원 등 문화적 가치가 있는 목조 건물들과 각 시대별로 귀중한 유물들도 많이 남아있다.

평요 고성의 낮

평요 고성의 밤

　평요 고성은 중국 명·청 시대의 문화·사회·경제·종교의 발전을 보여주는 유적으로, 1997년 유네스코에서 세계문화유산으로 지정하였는데, 중국에서 전체 고성이 유네스코에 등재된 것으로는 유일하다. 뿐만 아니라 '중국에서 보존이 가장 완벽에 가깝다'는 평가를 받았다.

　평요 고성에는 볼거리가 아주 많다. 대표적인 것으로는, 평요 고성 성벽과 교가대원이 있다.

1. 평요 고성 성벽

　웅장할 뿐만 아니라 보존이 잘 되어 있다. 성벽에 올라 고성 전체 풍경을 조망할 수 있다. 그중에서도 남문인 영훈문(迎熏门 Yíngxūnmén)의 성루(城楼 chénglóu)가 가장 아름답다.

보존이 잘 되어있는 평요 고성 성벽

2. 교가대원(乔家大院 Qiáojiā dàyuàn)

　교가대원은 청대 중국의 저명한 상업금융자본가인 교치용(乔致庸 Qiáo Zhìyōng)이 저택으로, 청대에 만들어졌으며 북방 민가의 독특한 느낌을 가지고 있다. 따라서 '북방 민가 건축의 명수'라고 불리기도 하며, 예로부터 '황실에는 고궁이 있고, 민간 저택은 교가를 봐야 한다(皇家有故宫, 民宅看乔家。 Huángjiā yǒu Gùgōng, mínzhái kàn Qiáojiā.)'는 말이 전해 오고 있다.

북방 민가 건축의 명주, 乔家大院

　우리나라에서 교가대원은 장예모(张艺谋 Zhāng Yìmóu) 감독, 공리(巩俐 Gǒng Lì) 주연의 영화 '홍등(大红灯笼高高挂 Dà hóngdēnglóng gāogāoguà)'의 촬영지로 더 많이 알려져 있다. 또한 교가대원은 평요 고성에서 가장 환영 받는 관광명소로, 2006년에는 45부작 TV 드라마 '교가대원'이 제작 방영되기도 하였다.

9 과

我把菜点好了。
Wǒ bǎ cài diǎnhǎo le.

나는 요리를 다 주문했어.

기본문장

1. **我把菜点好了。**
   Wǒ bǎ cài diǎnhǎo le.
   나는 요리를 다 주문했어.

2. **她叫我们先吃。**
   Tā jiào wǒmen xiān chī.
   그녀는 우리에게 먼저 먹으라고 시켰어.

3. **我去拿过来。**
   Wǒ qù ná guòlái.
   내가 가서 가지고 올게.

Key Point

把자문

겸어문3 叫

복합방향보어

새로 나온 단어 🎧 09-1

- 把　　　　　bǎ　　　　　개 ~을, ~를
- 相信　　　　xiāngxìn　　동 믿다, 신뢰하다
- 刚才　　　　gāngcái　　　명 바로 전, 지금 막
- 发　　　　　fā　　　　　동 발송하다, 보내다
- 短信　　　　duǎnxìn　　　명 문자 메시지
- 叫　　　　　jiào　　　　동 ~을 시키다, ~을 하게 하다
- 下班　　　　xiàbān　　　동 퇴근하다
- 高峰期　　　gāofēngqī　　명 러시아워, 절정기
- 堵　　　　　dǔ　　　　　동 막다, 가로막다
  ※ 堵车 dǔchē 동 교통이 체증되다, (길이) 막히다
- 一边…一边…　yìbiān…yìbiān…　~하면서 ~하다
- 主人公　　　zhǔréngōng　　명 주인공
- 迟到　　　　chídào　　　동 지각하다
- 弄　　　　　nòng　　　　동 만들다, 하다
- 留　　　　　liú　　　　　동 남기다, 머무르다
- 出来　　　　chūlái　　　　동 (안에서 밖으로) 나오다
- 应该　　　　yīnggāi　　　동 (마땅히, 반드시) ~해야 한다
- 交　　　　　jiāo　　　　　동 제출하다, 맡기다, 교제하다
- 找　　　　　zhǎo　　　　동 찾다
- 由于　　　　yóuyú　　　　개 ~때문에, ~로 인해서

기본문장 알기

🎧 09-2

1 我把菜点好了。

Wǒ bǎ cài diǎnhǎo le. ▶ 나는 요리를 다 주문했어.

Key Point　把자문

① '把'는 목적어를 한국어 어순처럼 동사 앞으로 옮기는 역할을 하는 개사로, 이때 '把'는 목적어를 강조한다.

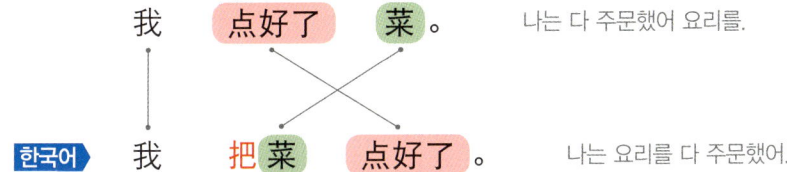

② 동사는 반드시 복잡한 형식(동사+부가성분)이어야 하며, 부정은 '没有'를 사용한다.

기본 형식	주어 + 把 + 목적어 + 동사 + 부가성분
긍정문	我把菜点好了。Wǒ bǎ cài diǎnhǎo le. 나는 요리를 다 주문했어.
부정문	我没有把菜点好。Wǒ méiyǒu bǎ cài diǎnhǎo. 나는 요리를 다 주문하지 않았어.
의문문	你把菜点好了吗? Nǐ bǎ cài diǎnhǎo le ma? 너는 요리를 다 주문했니?

예문　(O) 我把菜点好了。Wǒ bǎ cài diǎnhǎo le. 나는 요리를 다 주문했어.

　　　　(X) 我把菜点。Wǒ bǎ cài diǎn.

③ 부사, 조동사 등은 '把' 앞에 위치한다.

예문　我一定把作业做完。Wǒ yídìng bǎ zuòyè zuòwán. 나는 반드시 숙제를 다 할 것이다.

　　　　我要把作业做完。Wǒ yào bǎ zuòyè zuòwán. 나는 숙제를 다 하려고 한다.

문장 활용하기

我		菜	点好了。
他	+ 把 +	生词	+ 学完了。
我朋友		礼物	买好了。
同学们		课文	背完了。

단어 生词 shēngcí 명 단어 / 同学们 tóngxuémen 학우들 / 课文 kèwén 명 (교과서의) 본문 / 背 bèi 동 외우다

2. 她叫我们先吃。

09-3

Tā jiào wǒmen xiān chī. ▶ 그녀는 우리에게 먼저 먹으라고 시켰어.

Key Point 겸어문3 叫

'叫'는 '~에게 ~을 시키다'의 의미이며, 부정은 '没有'를 사용한다.

기본 형식	주어 + 叫 + 목적어 + 동사
긍정문	老师**叫**我们做作业了。Lǎoshī jiào wǒmen zuò zuòyè le. 선생님이 우리에게 숙제를 하라고 시켰어.
부정문	老师**没有**叫我们做作业。Lǎoshī méiyǒu jiào wǒmen zuò zuòyè. 선생님이 우리에게 숙제를 하라고 시키지 않으셨어.
의문문	老师**叫**我们做作业了**吗**？Lǎoshī jiào wǒmen zuò zuòyè le ma? 선생님이 우리에게 숙제를 하라고 시켰니?

문장 활용하기

她		我们	先吃饭。
医生	+ 叫 +	我	+ 吃药。
妈妈		我	起床。
老师		我	给爸爸打电话。

단어 起床 qǐchuáng 동 (잠자리에서) 일어나다, 기상하다

3 我去拿过来。

Wǒ qù ná guòlái. ▶ 내가 가서 가지고 올게.

Key Point 복합방향보어

① '过来'는 '过 + 来'로 이루어진 복합방향보어이다.

기본 형식	주어 + 동사 + 복합방향보어
긍정문	我拿过来了。Wǒ ná guòlái le. 내가 가지고 왔어.
부정문	我没有拿过来。Wǒ méiyǒu ná guòlái. 내가 가지고 오지 않았어.

② 복합방향보어는 단순방향보어가 '来', '去'와 함께 사용되어 두 개의 방향을 나타내는 것으로, '来', '去'로 구성되는 복합방향보어는 주로 다음과 같다.

		过	上	下	进	出	起	回
동사	来	走过来 zǒu guòlái 걸어오다	走上来 zǒu shànglái 걸어 올라오다	走下来 zǒu xiàlái 걸어 내려오다	走进来 zǒu jìnlái 걸어 들어오다	走出来 zǒu chūlái 걸어 나오다	站起来 zhàn qǐlái 일어서다	走回来 zǒu huílái 걸어 돌아오다
	去	走过去 zǒu guòqù 걸어가다	走上去 zǒu shàngqù 걸어 올라가다	走下去 zǒu xiàqù 걸어 내려가다	走进去 zǒu jìnqù 걸어 들어가다	走出去 zǒu chūqù 걸어 나가다		走回去 zǒu huíqù 걸어 돌아가다

문장 활용하기

我 + 去 + 拿过来。
妈妈 + 来 + 拿过去。
我 + 去 + 搬过来。
他 + 来 + 搬过去。

단어 站 zhàn 동 서다 / 搬 bān 동 옮기다, 이사하다

본문 익히기 1

🎧 09-5

李晨: 我把菜点好了。❶ 大家看看吧!
Wǒ bǎ cài diǎnhǎo le. Dàjiā kànkan ba!

朴海镇: 不用了。我们相信你!
Búyòng le. Wǒmen xiāngxìn nǐ!

> 刚才, 刚刚는 모두 한국어 '막, 방금, 조금 전'에 해당한다.
> * 刚才 gāngcái - 명사
> * 刚刚 gānggāng - 부사
>
> 예) 我刚才见过老师了。
> Wǒ gāngcái jiàn guo lǎoshī le.
> 나는 조금 전에 선생님을 만났었어.
> 我刚刚看见老师。
> Wǒ gānggāng kànjiàn lǎoshī.
> 나는 지금 막 선생님을 봤어.

张丽红: 导喜怎么还不来啊?
Dǎoxǐ zěnme hái bù lái a?

朴海镇: 她刚才发来短信。她叫我们先吃。❷
Tā gāngcái fā lái duǎnxìn. Tā jiào wǒmen xiān chī.

克里斯: 现在是下班高峰期,路上堵得很。
Xiànzài shì xiàbān gāofēngqī, lùshang dǔ de hěn.

> '……得很'은 '몹시~'라는 뜻을 나타낸다.
> 예) 首尔热得很。
> Shǒu'ěr rè de hěn.
> 서울은 몹시 덥다.
> 路上车多得很。
> Lùshang chē duō de hěn.
> 길에 차가 몹시 많다.

朴海镇: 我们一边吃,一边等她吧!
Wǒmen yìbiān chī, yìbiān děng tā ba!

张丽红: 今天导喜是主人公,
Jīntiān Dǎoxǐ shì zhǔréngōng,

我们再等等她吧!
wǒmen zài děngdeng tā ba!

본문 익히기 2

🎧 09-6

梁导喜 刚才我迟到了。我请大家喝咖啡。
Gāngcái wǒ chídào le. Wǒ qǐng dàjiā hē kāfēi.

李晨 啊，咖啡弄好了，<u>我去拿过来</u>。❸
Ā, kāfēi nònghǎo le, wǒ qù ná guòlái.

克里斯 老师留的作业你们做出来了吗？
Lǎoshī liú de zuòyè nǐmen zuò chūlái le ma?

朴海镇 我已经做出来了。
Wǒ yǐjīng zuò chūlái le.

> 留作业 liú zuòyè 숙제를 내주다
> 布置作业 bùzhì zuòyè 숙제를 내주다
> 交作业 jiāo zuòyè 숙제를 제출하다
> 写作业 xiě zuòyè 숙제를 하다
> 做作业 zuò zuòyè 숙제를 하다

梁导喜 是什么作业？我怎么不知道啊？
Shì shénme zuòyè? Wǒ zěnme bù zhīdào a?

克里斯 你住院的时候老师留的。明天应该交上去。
Nǐ zhùyuàn de shíhou lǎoshī liú de. Míngtiān yīnggāi jiāo shàngqù.

李晨 你们有什么问题找我！我帮你们！
Nǐmen yǒu shénme wèntí zhǎo wǒ! Wǒ bāng nǐmen!

본문 익히기 3

🎧 09-7

1 由于路上堵得很，导喜还没到。
Yóuyú lùshang dǔ de hěn, Dǎoxǐ hái méi dào.

她叫我们先吃饭。
Tā jiào wǒmen xiān chīfàn.

但是今天导喜是主人公，
Dànshì jīntiān Dǎoxǐ shì zhǔréngōng,

我们决定再等等她。
wǒmen juédìng zài děngdeng tā.

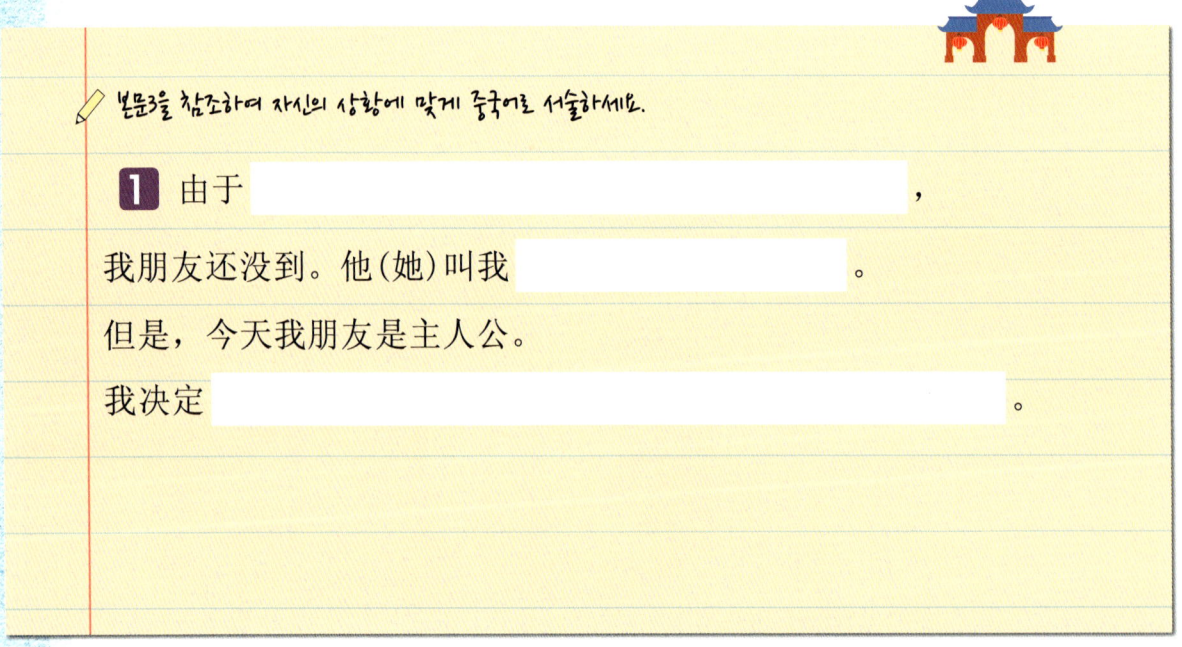

✏️ 본문3을 참조하여 자신의 상황에 맞게 중국어로 서술하세요.

1 由于 _____，

我朋友还没到。他(她)叫我 _____。

但是，今天我朋友是主人公。

我决定 _____。

🎧 09-8

2 导喜住院的时候,
Dǎoxǐ zhùyuàn de shíhou,

老师给我们留了作业。
Lǎoshī gěi wǒmen liú le zuòyè.

我和导喜还没把作业做出来。
Wǒ hé Dǎoxǐ hái méi bǎ zuòyè zuò chūlái.

李晨说他能帮我们。
Lǐchén shuō tā néng bāng wǒmen.

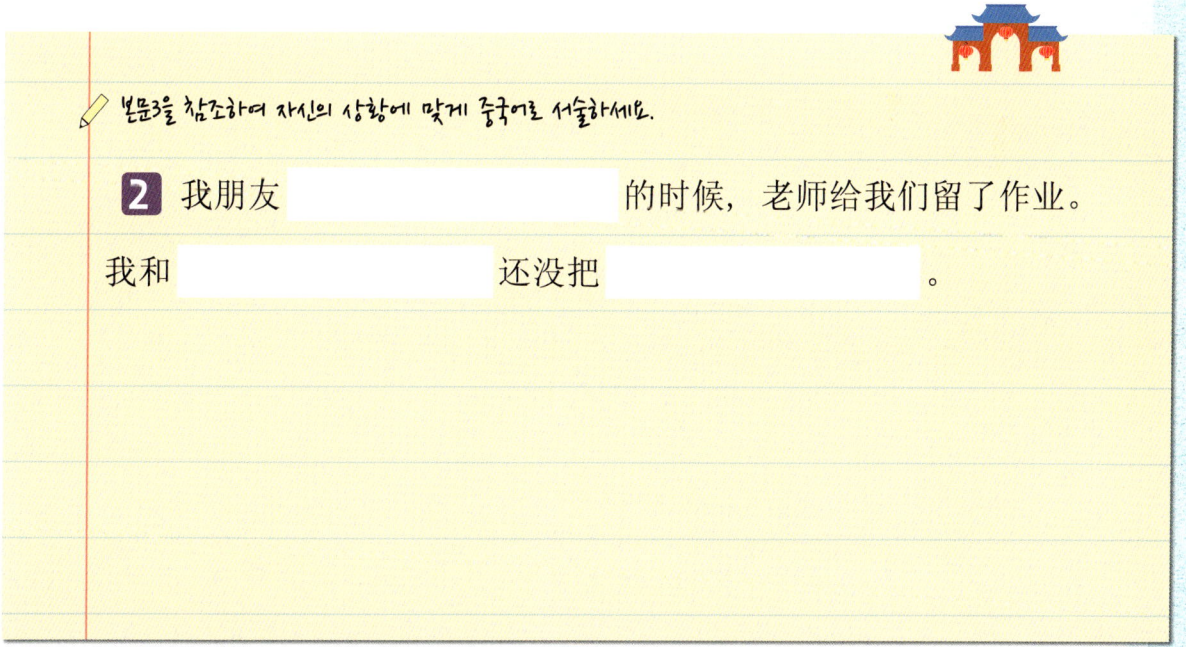

✎ 본문3을 참조하여 자신의 상황에 맞게 중국어로 서술하세요.

2 我朋友 _____ 的时候, 老师给我们留了作业。

我和 _____ 还没把 _____ 。

연습문제

1. 밑줄 친 부분에 알맞은 표현을 사용해 대화문을 완성해 보세요.

   ❶ A 你把菜点好了吗？

   B (Wǒ bǎ cài diǎnhǎo le) _____。

   ❷ A 导喜怎么还不来？

   B 路上 (dǔ de hěn) _____，她叫我们先吃饭。

   ❸ A 咖啡弄好了。

   B 好，我去 (ná guòlái) _____。

2. 틀린 부분을 바르게 고쳐 보세요.

   ❶ 我老师留的作业做出来了。 선생님이 내주신 숙제를 나는 다 해내었다.

   → _____

   ❷ 明天交上去应该。 내일은 반드시 제출해야 해.

   → _____

   ❸ 我们还不把作业做出来。 우리는 아직 숙제를 다 해내지 못했다.

   → _____

   ❹ 老师留了作业给我们。 선생님이 우리들에게 숙제를 내주셨다.

   → _____

3. 제시된 단어를 어순에 맞게 배열해 보세요.

   ❶ 我 / 菜 / 把 / 好 / 点 / 了   나는 요리를 다 주문했어.

   → _____

   ❷ 怎么 / 导喜 / 还 / 啊 / 不 / 来   도희는 어째서 아직 안 오는 거지?

   → _____

   ❸ 我们 / 等等 / 她 / 决定 / 再   우리는 그녀를 좀 더 기다리기로 결정했다.

   → _____

   ❹ 我们 / 吃 / 一边 / 等 / 吧 / 一边 / 她   우리는 먹으면서 그녀를 기다리자!

   → _____

4. 아래 상황에 맞게 알맞은 중국어 표현을 말해보세요.

   ❶ 길이 몹시 막혀서, 도희는 아직 도착하지 않았다. 그녀는 우리에게 먼저 밥을 먹으라고 시켰다.

   → _____

   _____

   ❷ 나와 도희는 아직 숙제를 다 해내지 못했다. 리첸은 그가 우리를 도와줄 수 있다고 말했다.

   → _____

   _____

10과

我的护照丢了。
Wǒ de hùzhào diū le.

내 여권을 잃어버렸어.

기본문장

1. **你的护照被小偷偷走了。**
   Nǐ de hùzhào bèi xiǎotōu tōu zǒu le.
   네 여권은 소매치기에게 도둑맞은 것일 거야.

2. **我已经向大使馆申请了护照。**
   Wǒ yǐjīng xiàng dàshǐguǎn shēnqǐng le hùzhào.
   나는 이미 대사관에 여권을 신청했어.

3. **这次去不了香港。**
   Zhè cì qù bu liǎo Xiānggǎng.
   이번에 홍콩에 갈 수 없어.

Key Point

被자문

개사 向

가능보어2

새로 나온 단어 🎧 10-1

□ 趟	tàng	양	차례, 번 [왕래한 횟수를 세는 데 쓰임]
□ 派出所	pàichūsuǒ	명	파출소
□ 护照	hùzhào	명	여권
□ 丢	diū	동	잃어버리다, 분실하다
□ 报警	bàojǐng	동	경찰에 신고하다
□ 夜市	yèshì	명	야시장
□ 看来	kànlái	동	보아하니
□ 被	bèi	개	~에게 ~를 당하다 [피동을 나타냄]
□ 小偷	xiǎotōu	명	소매치기, 좀도둑
□ 偷	tōu	동	훔치다
□ 批评	pīpíng	동	비평하다, 꾸짖다, 혼내다
□ 一顿	yídùn	수	한바탕
□ 香港	Xiānggǎng	명	홍콩
□ 向	xiàng	개	~를 향해 [방향을 나타냄]
□ 大使馆	dàshǐguǎn	명	대사관
□ 申请	shēnqǐng	동	신청하다
□ 可惜	kěxī	형	애석하다, 섭섭하다, 아깝다
□ 发现	fāxiàn	동	발견하다, 알아차리다
□ 可	kě	접	'可是'의 줄임표현, 그러나, 하지만
□ 只好	zhǐhǎo	부	할 수 없이, 어쩔 수 없이
□ 旅游	lǚyóu	동	여행하다, 관광하다

기본문장 알기

🎧 10-2

1 你的护照被小偷偷走了。

Nǐ de hùzhào bèi xiǎotōu tōu zǒu le. ▶ 네 여권은 소매치기에게 도둑맞은 것일 거야.

Key Point 被자문

① '被'는 피동을 나타내며 한국어의 '~에게 ~를 당하다'에 해당한다. '被'의 주어는 피동의 대상이다.

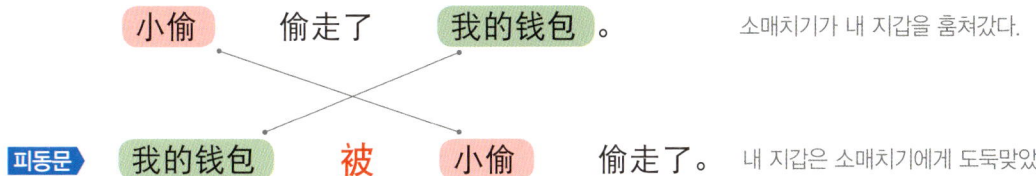

소매치기가 내 지갑을 훔쳐갔다.

피동문: 我的钱包 被 小偷 偷走了。 내 지갑은 소매치기에게 도둑맞았다.

② 동사는 반드시 복잡한 형식(동사+부가성분)이어야 한다.

기본 형식	A + 被 + B + 동사 + 부가성분
긍정문	我的钱包被小偷偷走了。 Wǒ de qiánbāo bèi xiǎotōu tōu zǒu le. 내 지갑은 소매치기에게 도둑맞았어.
부정문	我的钱包没有被小偷偷走。 Wǒ de qiánbāo méiyǒu bèi xiǎotōu tōu zǒu. 내 지갑은 소매치기에게 도둑맞지 않았어.
의문문	你的钱包被小偷偷走了吗? Nǐ de qiánbāo bèi xiǎotōu tōu zǒu le ma? 네 지갑은 소매치기에게 도둑맞았니?

③ 부사는 '被' 앞에 위치한다.

예문 我的钱包已经被小偷偷走了。 Wǒ de qiánbāo yǐjīng bèi xiǎotōu tōu zǒu le.
내 지갑은 이미 소매치기에게 도둑맞았어.

我的钱包真的被小偷偷走了。 Wǒ de qiánbāo zhēnde bèi xiǎotōu tōu zǒu le.
내 지갑은 진짜로 소매치기에게 도둑맞았어.

문장 활용하기

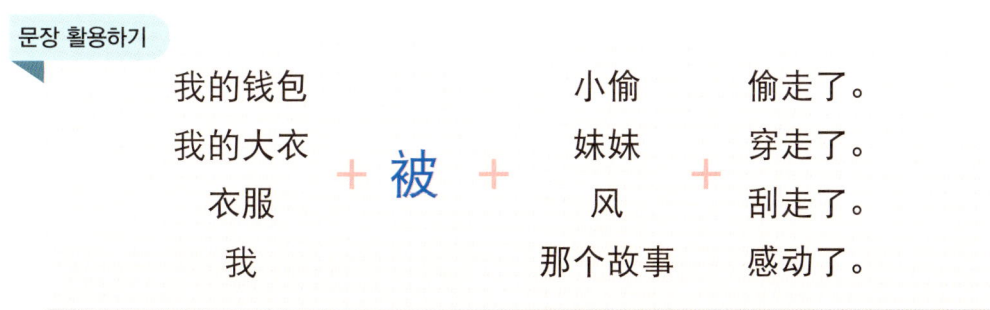

10 我的护照丢了。 내 여권을 잃어버렸어. **145**

> **Tip!**
> '被'의 목적어가 생략되는 경우도 있다.
>
> 예문 衣服被刮走了。Yīfu bèi guā zǒu le. 옷이 날려갔다.
>   我被感动了。Wǒ bèi gǎndòng le. 나는 감동했다.

단어 钱包 qiánbāo 명 지갑 / 真的 zhēnde 부 정말로 / 大衣 dàyī 명 외투 / 穿 chuān 동 입다 / 风 fēng 명 바람 / 刮 guā 동 불다 / 故事 gùshi 명 이야기 / 感动 gǎndòng 동 감동하다

2 我已经向大使馆申请了护照。

Wǒ yǐjīng xiàng dàshǐguǎn shēnqǐng le hùzhào. ▶ 나는 이미 대사관에 여권을 신청했어.

Key Point 개사 向

① '向'은 방향을 나타내며, 한국어의 '~를 향하여'에 해당한다. '向' 뒤에는 주로 장소명사가 온다.
② '向'의 뒤에 사람이 올 경우, '~에게'로 해석된다.

기본 형식	向 + 목적어 + 동사
向 + 방향	他向教室跑去。Tā xiàng jiàoshì pǎoqù. 그는 교실을 향해 뛰어갔다.
向 + 사람	我向你道歉。Wǒ xiàng nǐ dàoqiàn. 내가 너에게 사과할게.

문장 활용하기

我		大使馆	申请了护照。
火车	+ 向 +	南	+ 开。
他		办公室	跑去。
我		大家	报告。

단어 教室 jiàoshì 명 교실 / 道歉 dàoqiàn 동 사과하다 / 跑 pǎo 동 뛰다, 달리다 / 火车 huǒchē 명 기차 / 南 nán 명 남, 남쪽 / 开 kāi 동 운전하다 / 办公室 bàngōngshì 명 사무실 / 报告 bàogào 동 보고하다

3 这次去不了香港。

Zhè cì qù bu liǎo Xiānggǎng. ▶ 이번에 홍콩에 갈 수 없어.

Key Point 가능보어2

'동사+得/不+了(liǎo)'는 가능(~할 수 있다)과 불가능(~할 수 없다)을 나타낸다.

기본 형식	동사 + 得/不 + 了(liǎo)
긍정문	这件事情，我办得了。Zhè jiàn shìqing, wǒ bàn de liǎo. 이 일을 나는 할 수 있어.
부정문	这件事情，我办不了。Zhè jiàn shìqing, wǒ bàn bu liǎo. 이 일을 나는 할 수 없어.
의문문	这件事情，你办得了吗? Zhè jiàn shìqing, nǐ bàn de liǎo ma? 이 일을 네가 할 수 있니? 这件事情，你办得了办不了? Zhè jiàn shìqing, nǐ bàn de liǎo bàn bu liǎo? 이 일을 네가 할 수 있어 할 수 없어?

문장 활용하기

Tip!

- 목적어가 양과 관련된 표현일 경우 '동사+得/不+了'는 그 양을 다 쓸 수 있는지 없는지를 나타낸다.

   예문 我吃不了这么多菜。Wǒ chī bu liǎo zhème duō cài.
   나는 이렇게 많은 요리를 다 먹을 수 없어.

   买词典花不了300块。Mǎi cídiǎn huā bu liǎo sānbǎi kuài.
   사전을 사는 데 300위안을 다 쓸 수 없어. (300위안이면 사전을 사고도 돈이 남는다.)

단어 办 bàn 동 처리하다, 하다 / 白酒 báijiǔ 명 바이주, 백주 / 辣 là 형 맵다 / 花 huā 동 쓰다, 소비하다

10 我的护照丢了。내 여권을 잃어버렸어. **147**

본문 익히기 1

🎧 10-5

克里斯 李晨，你能陪我去一趟派出所吗？
Lǐchén, nǐ néng péi wǒ qù yí tàng pàichūsuǒ ma?

李晨 有什么事儿吗？
Yǒu shénme shìr ma?

> 의문사와 '吗'는 일반적으로 함께 쓰일 수 없으나 '무슨 ~라도 있어?'의 뜻을 나타내는 '有什么……吗'는 고정격식으로 쓰인다. 여기에서 '什么'는 범칭을 나타낸다.
> 예) 有什么问题吗? yǒu shénme wèntí ma? 무슨 문제라도 있어?
> 　　有什么区别吗? yǒu shénme qūbié ma? 무슨 차이(구별)라도 있어?

克里斯 我的护照丢了。我得报警。
Wǒ de hùzhào diū le. Wǒ děi bàojǐng.

李晨 是不是昨天在夜市丢的？
Shì bu shì zuótiān zài yèshì diū de?

克里斯 我也不知道。找来找去，还是找不到。
Wǒ yě bù zhīdào. Zhǎo lái zhǎo qù, háishì zhǎo bu dào.

李晨 看来，你的护照被小偷偷走了。❶
Kànlái, nǐ de hùzhào bèi xiǎotōu tōu zǒu le.

> 'A来A去，还是……'는 '여러가지 방법으로 A했으나 여전히~'라는 뜻이다.
> 예) 想来想去，还是想不通。
> 　　Xiǎng lái xiǎng qù, háishì xiǎng bu tōng.
> 　　이리저리 생각해 보았지만 여전히 이해되지 않는다.
> 　　跑来跑去，还是没找到孩子。
> 　　Pǎo lái pǎo qù, háishì méi zhǎodào háizi.
> 　　이리저리 뛰어 다녔지만, 여전히 아이를 찾지 못했다.

본문 익히기 2

🎧 10-6

梁导喜 克里斯，今天你的脸色不好。有什么事儿吗？
Kèlǐsī, jīntiān nǐ de liǎnsè bù hǎo. Yǒu shénme shìr ma?

克里斯 我被我妈妈批评了一顿。
Wǒ bèi wǒ māma pīpíng le yídùn.

梁导喜 因为什么啊？
Yīnwèi shénme a?

克里斯 因为我丢了护照。
Yīnwèi wǒ diū le hùzhào.

梁导喜 那你下个星期还能去香港吗？
Nà nǐ xià ge xīngqī hái néng qù Xiānggǎng ma?

克里斯 我已经向大使馆申请了护照。❷
Wǒ yǐjīng xiàng dàshǐguǎn shēnqǐng le hùzhào.

梁导喜 那太好了。这次去不了香港，❸ 多可惜啊！
Nà tài hǎo le. Zhè cì qù bu liǎo Xiānggǎng, duō kěxī a!

'多……啊'는 '얼마나 ~한가'라는 감탄문이다.
예 多漂亮啊! Duō piàoliàng a! 얼마나 예쁘니!
   多认真啊! Duō rènzhēn a! 얼마나 열심히니!

본문 익히기 3

🎧 10-7

1 今天早上我发现我的护照丢了。
Jīntiān zǎoshang wǒ fāxiàn wǒ de hùzhào diū le.

我在家找来找去，可还是找不到。
Wǒ zài jiā zhǎo lái zhǎo qù, kě háishì zhǎo bu dào.

看来，昨天在夜市被小偷偷走了。
Kànlái, zuótiān zài yèshì bèi xiǎotōu tōu zǒu le.

我只好去派出所报警。
Wǒ zhǐhǎo qù pàichūsuǒ bàojǐng.

✏️ 본문3을 참조하여 자신의 상황에 맞게 중국어로 서술하세요.

1 ＿＿＿＿＿＿ 我发现 ＿＿＿＿＿＿ 丢了。

我在家找来找去，可还是找不到。看来，＿＿＿＿＿＿ 在 ＿＿＿＿＿＿ 被 ＿＿＿＿＿＿ 了。

我只好 ＿＿＿＿＿＿ 。

본문 익히기 3

🎧 10-8

2 我因为丢了护照，
Wǒ yīnwèi diū le hùzhào,

被妈妈批评了一顿。
bèi māma pīpíng le yídùn.

为了去香港旅游，
Wèile qù Xiānggǎng lǚyóu,

昨天我已经向大使馆申请了护照。
zuótiān wǒ yǐjīng xiàng dàshǐguǎn shēnqǐng le hùzhào.

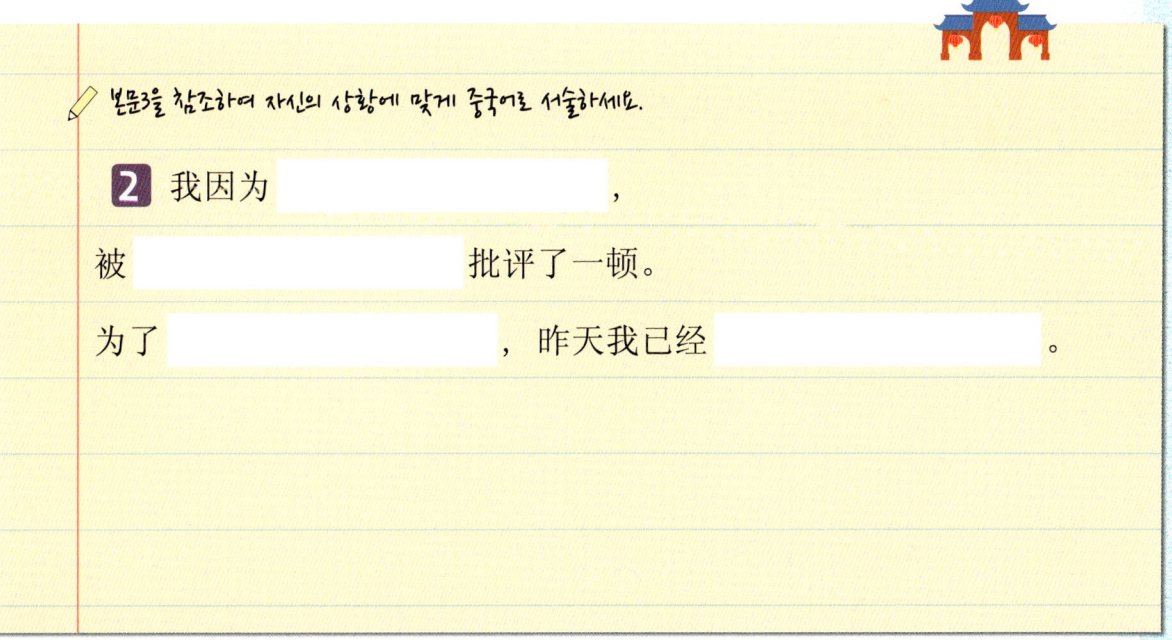

✏️ 본문3을 참조하여 자신의 상황에 맞게 중국어로 서술하세요.

2 我因为＿＿＿＿＿＿＿＿＿＿，

被＿＿＿＿＿＿＿＿批评了一顿。

为了＿＿＿＿＿＿＿＿＿＿，昨天我已经＿＿＿＿＿＿＿＿＿＿＿。

연습문제

1. 밑줄 친 부분에 알맞은 표현을 사용해 대화문을 완성해 보세요.

❶ A 有什么事儿吗？

　　B 我的护照 (diū le) ＿＿＿＿＿＿＿，我得 (bàojǐng) ＿＿＿＿＿＿＿。

❷ A 今天你的脸色不好，有什么事儿吗？

　　B 我被我妈妈 (pīpíng le yídùn) ＿＿＿＿＿＿＿＿＿＿＿＿＿。

❸ A 因为什么啊？

　　B 因为 (wǒ diū le hùzhào) ＿＿＿＿＿＿＿＿＿＿＿＿＿。

2. 틀린 부분을 바르게 고쳐 보세요.

❶ 你陪我能去派出所一趟吗？ 너 나랑 같이 파출소에 한 번 다녀올 수 있어?

➝ ＿＿＿＿＿＿＿＿＿＿＿＿＿＿＿＿＿＿＿＿＿＿＿＿

❷ 我批评了一顿被我妈妈。 나는 엄마에게 한바탕 혼이 났어.

➝ ＿＿＿＿＿＿＿＿＿＿＿＿＿＿＿＿＿＿＿＿＿＿＿＿

❸ 那你还下个星期香港能去吗？ 그럼 너는 그래도 다음 주에 홍콩에 갈 수 있겠어?

➝ ＿＿＿＿＿＿＿＿＿＿＿＿＿＿＿＿＿＿＿＿＿＿＿＿

❹ 这次去不了香港，多可惜了！ 이번에 홍콩에 갈 수 없다면 얼마나 섭섭하겠어!

➝ ＿＿＿＿＿＿＿＿＿＿＿＿＿＿＿＿＿＿＿＿＿＿＿＿

3. 제시된 단어를 어순에 맞게 배열해 보세요.

❶ 是不是 / 昨天 / 丢 / 的 / 在 / 夜市   어제 야시장에서 잃어버린 것 아니야?

→ _____

❷ 你 / 护照 / 小偷 / 偷 / 走 / 的 / 了 / 被
   네 여권은 소매치기에게 도둑맞은 것일거야.

→ _____

❸ 我 / 大使馆 / 护照 / 申请 / 向 / 已经 / 了
   나는 이미 대사관에 여권을 신청했어.

→ _____

❹ 我 / 派出所 / 去 / 只好 / 报警   나는 파출소에 가서 신고할 수밖에 없었다.

→ _____

4. 아래 상황에 맞게 알맞은 중국어 표현을 말해보세요.

❶ 오늘 아침에 나는 내 여권을 잃어버렸다는 것을 알아차렸다. 나는 집에서 이리저리 찾아보았지만 그러나 여전히 찾을 수 없었다. 보아하니, 어제 야시장에서 소매치기에게 도둑맞은 것 같다.

→ _____

❷ 나는 여권을 잃어버려서, 엄마에게 한바탕 혼이 났다. 홍콩 여행을 가기 위해, 나는 어제 이미 대사관에 여권을 신청했다.

→ _____

11과

我加入社团了。
Wǒ jiārù shètuán le.

나는 동아리에 가입했어.

기본문장

1. **你在看什么呢？**
   Nǐ zài kàn shénme ne?
   너는 무엇을 보고 있니?

2. **你们怎么才告诉我？**
   Nǐmen zěnme cái gàosu wǒ?
   너희들은 어째서 이제서야 나에게 알려주니?

3. **后边的那位又高又帅！**
   Hòubiān de nà wèi yòu gāo yòu shuài!
   뒤쪽에 저분은 키도 크고 잘 생겼다!

Key Point

현재 상태 在……(呢)

부사 才

又……又……

새로 나온 단어 🎧 11-1

☐ 海报	hǎibào	명	광고 포스터
☐ 写	xiě	동	(글자, 글씨를) 쓰다, 적다
☐ 交际舞	jiāojìwǔ	명	사교댄스
☐ 社团	shètuán	명	동아리, 서클
☐ 招	zhāo	동	모집하다, 초빙하다
☐ 会员	huìyuán	명	회원
☐ 跳	tiào	동	(춤을) 추다, 깡충 뛰다

※ 跳舞 tiàowǔ 동 춤을 추다

☐ 学期	xuéqī	명	학기
☐ 从来	cónglái	부	지금까지, 여태껏
☐ 加入	jiārù	동	가입하다, 참가하다
☐ 哟	yō	감	어머
☐ 才	cái	부	비로서, 겨우, 이제서야
☐ 欢迎	huānyíng	동	환영하다
☐ 位	wèi	양	분 [사람을 세는 단위]
☐ 后边	hòubiān	명	뒤쪽, 뒤
☐ 又……又……	yòu……yòu……		~하기도 하고 ~하기도 하다
☐ 高	gāo	형	(높이가) 높다
☐ 帅	shuài	형	잘생기다, 멋지다
☐ 哈哈	hāha	의성	하하 [웃음소리를 나타냄]
☐ 师兄	shīxiōng	명	남자 선배
☐ 团长	tuánzhǎng	명	동아리 회장, 단장
☐ 专业	zhuānyè	명	전공
☐ 看见	kànjiàn	동	보다, 보이다
☐ 法律	fǎlǜ	명	법률
☐ 羡慕	xiànmù	동	부러워하다, 선망하다

기본문장 알기

🎧 11-2

1. 你在看什么呢？

Nǐ zài kàn shénme ne? ▶ 너는 무엇을 보고 있니?

Key Point 현재 상태 在……(呢)

① '在……(呢)'는 동작이나 상태의 현재 상황을 나타낸다. 한국어의 '~하고 있다'이다.

기본 형식	주어 + 在 + 동사 + 목적어 + (呢)
긍정문	他在看书(呢)。 Tā zài kàn shū (ne). 그는 책을 보고 있어.
부정문	他没在看书(呢)。 Tā méi zài kàn shū (ne). 그는 책을 보고 있지 않아.
의문문	他在看书吗？ Tā zài kàn shū ma? 그는 책을 보고 있니?

② '在……呢'에서 '呢'는 생략될 수 있다.

예문
我在看海报。 Wǒ zài kàn hǎibào. 나는 광고 포스터를 보고 있어.
我在写作业。 Wǒ zài xiě zuòyè. 나는 숙제를 하고 있어.

③ 다음 세 가지 중국어 표현은 한국어의 '~하고 있다'에 해당한다. 그러나 강조하고자 하는 의미가 다르다.

正……呢 zhèng……ne	시간	他正吃饭呢。 Tā zhèng chīfàn ne. 그는 한창 밥을 먹고 있는 중이야.
在……(呢) zài……(ne)	상태	他在吃饭呢。 Tā zài chīfàn ne. 그는 밥을 먹고 있어.
正在……(呢) zhèngzài……(ne)	시간, 상태	他正在吃饭呢。 Tā zhèngzài chīfàn ne. 그는 지금 밥을 먹고 있어.

문장 활용하기

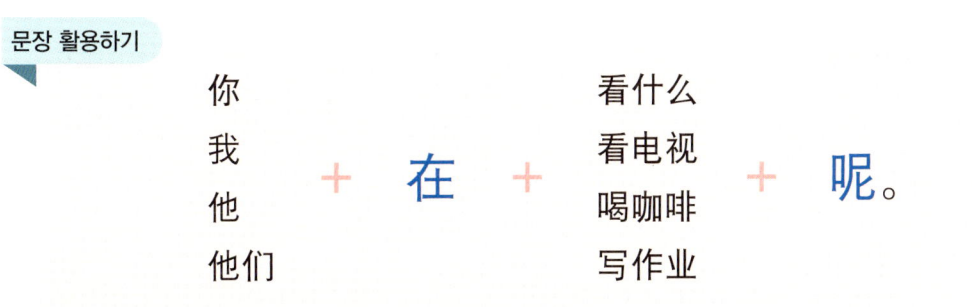

2. 你们怎么才告诉我？

Nǐmen zěnme cái gàosu wǒ? ▶ 너희들은 어째서 이제서야 나에게 알려주니?

Key Point 부사 才

'才'는 '비로소, 이제서야'와 같이 시간이 늦음을 나타낸다.

기본 형식 주어 + 才 + 동사

- 他今天早上才告诉我。 Tā jīntiān zǎoshang cái gàosu wǒ.
  ▶ 그는 오늘 아침에서야 나에게 알려줬어.

- 你怎么才告诉我？ Nǐ zěnme cái gàosu wǒ?
  ▶ 너는 어째서 이제서야 나에게 알려주니?

문장 활용하기

他	昨天			告诉我。
我们	晚上9点	+	才 +	吃晚饭。
他	明年			毕业。
我们	今天早上			把作业交上去。

Tip!
- '就'는 '바로, 곧, 이미, 벌써'의 의미로 시간이 예상보다 이름을 나타내며, '才'와 상반된 의미이다.

  예문 他八点才来。 Tā bā diǎn cái lái. 그는 8시에야 왔다. (예상 시간보다 늦게 오다.)
  他八点就来了。 Tā bā diǎn jiù lái le. 그는 8시인데 벌써 왔다. (예상 시간보다 빨리 오다.)

3 后边的那位又高又帅!

Hòubiān de nà wèi yòu gāo yòu shuài! ▶ 뒤쪽에 저분은 키도 크고 잘 생겼다!

🎧 11-4

Key Point 又……又……

① '又……又……'는 '~하기도 하고 ~하기도 하다'는 뜻으로 유사한 두 가지 동작이나 상황, 성질, 상태가 존재함을 나타낸다.
② '又……又……'에는 일반적으로 형용사나 동사(구)가 들어간다.
③ '又……又……'는 주어가 같고 '又……, 又……'처럼 중간에 쉼표를 사용할 수도 있다.

기본 형식	주어 + 又A + 又B
형용사	我哥哥**又**高**又**帅。Wǒ gēge yòu gāo yòu shuài. 우리 형은 키도 크고 잘 생겼어.
동사(구)	我哥哥**又**有头脑**又**有才华。Wǒ gēge yòu yǒu tóunǎo yòu yǒu cáihuá. 우리 형은 머리도 있고 재능도 있다.

문장 활용하기

这种苹果		甜		脆。
她	+ 又 +	年轻	+ 又 +	漂亮。
我弟弟		聪明		可爱。
我男朋友		有头脑		有才华。

Tip!
- '又……又……'에 출현하는 형용사나 동사(구)는 정도부사의 수식을 받을 수 없다.
  예문 (X) 我哥哥**又**很高**又**很帅。Wǒ gēge yòu hěn gāo yòu hěn shuài.

 头脑 tóunǎo 명 머리, 두뇌 / 才华 cáihuá 명 재능, 재주 / 甜 tián 형 달다, 달콤하다 / 脆 cuì 형 바삭하다, 아삭하다 / 年轻 niánqīng 명 젊다 / 聪明 cōngming 형 똑똑하다, 총명하다 / 可爱 kě'ài 형 귀엽다, 사랑스럽다

본문 익히기 1

🎧 11-5

梁导喜 克里斯，你在看什么呢？❶
Kèlǐsī, nǐ zài kàn shénme ne?

克里斯 我在看海报。
Wǒ zài kàn hǎibào.

梁导喜 海报上写着什么？
Hǎibào shàng xiězhe shénme?

克里斯 交际舞社团在招会员。你会跳交际舞吗？
Jiāojìwǔ shètuán zài zhāo huìyuán. Nǐ huì tiào jiāojìwǔ ma?

梁导喜 我在韩国学过。学了一个学期也没学会。
Wǒ zài Hánguó xué guo. Xué le yí ge xuéqī yě méi xué huì.

克里斯 我从来没有学过。我们一起加入这个社团吧！
Wǒ cónglái méiyǒu xué guo. Wǒmen yìqǐ jiārù zhè ge shètuán ba!

梁导喜 让我想想！
Ràng wǒ xiǎngxiang!

'从来没+동사+过'는 '한 번도 ~한 적 없다'의 뜻이다.
예) 他们从来没去过中国。
Tāmen cónglái méi qù guo Zhōngguó.
그들은 한 번도 중국에 가본 적이 없다.
我从来没喝过白酒。
Wǒ cónglái méi hē guo báijiǔ.
나는 한 번도 백주를 마셔본 적이 없다.

본문 익히기 2

🎧 11-6

张丽红　哟，你们也在这儿啊？
　　　　　Yō, nǐmen yě zài zhèr a?

梁导喜　我和克里斯加入社团了。
　　　　　Wǒ hé Kèlǐsī jiārù shètuán le.

张丽红　你们怎么才告诉我？❷ 欢迎欢迎！
　　　　　Nǐmen zěnme cái gàosu wǒ?　Huānyíng huānyíng!

梁导喜　你看，后边的那位又高又帅！❸
　　　　　Nǐ kàn, hòubiān de nà wèi yòu gāo yòu shuài!

중국대학 선후배 사이 호칭:
师姐 shījiě 여자 선배
师妹 shīmèi 여자 후배
师弟 shīdì 남자 후배

张丽红　哈哈！他是我的师兄，是这个社团的团长。
　　　　　Hāha!　Tā shì wǒ de shīxiōng, shì zhè ge shètuán de tuánzhǎng.

梁导喜　他多大？他是哪个专业的？
　　　　　Tā duō dà?　Tā shì nǎ ge zhuānyè de?

张丽红　他比我大两岁。
　　　　　Tā bǐ wǒ dà liǎng suì.

　　　　　他是学法律的。
　　　　　Tā shì xué fǎlǜ de.

11 我加入社团了。 나는 동아리에 가입했어.

본문 익히기 3

🎧 11-7

1 我发现交际舞社团在招会员。
Wǒ fāxiàn jiāojìwǔ shètuán zài zhāo huìyuán.

我从来没学过交际舞。
Wǒ cónglái méi xué guo jiāojìwǔ.

但是我朋友导喜在韩国学过。
Dànshì wǒ péngyou Dǎoxǐ zài Hánguó xué guo.

不过，她学了一个学期也没学会。
Búguò, tā xué le yí ge xuéqī yě méi xué huì.

我想跟导喜一起加入这个社团。
Wǒ xiǎng gēn Dǎoxǐ yìqǐ jiārù zhè ge shètuán.

✏️ 본문3을 참조하여 자신의 상황에 맞게 중국어로 서술하세요.

1 我发现_____。

我从来没_____。我朋友_____。

我想跟我朋友_____。

2 今天我和导喜在交际舞社团看见了张丽红的师兄。
Jīntiān wǒ hé Dǎoxǐ zài jiāojìwǔ shètuán kànjiàn le Zhāng Lìhóng de shīxiōng.

他比张丽红大两岁。他是学法律的。
Tā bǐ Zhāng Lìhóng dà liǎng suì. Tā shì xué fǎlǜ de.

他又高又帅。
Tā yòu gāo yòu shuài.

我很羡慕他。
Wǒ hěn xiànmù tā.

✏️ 본문3을 참조하여 자신의 상황에 맞게 중국어로 서술하세요.

2 今天我在　　　　　看见了　　　　　。

他(她)比　　　　　大　　　　　岁。

他(她)是学　　　　　的。

他(她)又　　　　　又　　　　　。

我很羡慕　　　　　。

연습문제

1. 밑줄 친 부분에 알맞은 표현을 사용해 대화문을 완성해 보세요.

❶ A 你在看什么呢？

　B (Wǒ zài kàn hǎibào) _____ 。

❷ A (Nǐ huì tiào jiāojìwǔ ma) _____ ？

　B 我不会跳交际舞。

❸ A 他是 (nǎ ge zhuānyè) _____ 的？

　B 他是学法律的。

2. 틀린 부분을 바르게 고쳐 보세요.

❶ 你们才怎么告诉我？ 너희들은 어째서 이제서야 나에게 알려주니?

→ _____

❷ 要我们加入一起这个社团吧！ 우리 같이 이 동아리에 가입하자!

→ _____

❸ 我学了一个学期没也学会。 나는 한 학기를 배웠어도 할 수 없어.

→ _____

❹ 他是学法律。 그는 법률을 배우고 있어.

→ _____

3. 제시된 단어를 어순에 맞게 배열해 보세요.

❶ 海报 / 着 / 写 / 什么 / 上   광고 포스터에 무엇이 쓰여져 있니?

→ _____

❷ 从来 / 我 / 没有 / 交际舞 / 学 / 过   나는 사교댄스를 한 번도 배워본 적이 없다.

→ _____

❸ 的 / 那 / 后边 / 位 / 高 / 又 / 帅 / 又

뒤쪽에 저분은 키도 크고 잘 생겼다!

→ _____

❹ 在 / 会员 / 交际舞 / 招 / 社团   사교댄스 동아리에서 회원을 모집하고 있어.

→ _____

4. 아래 상황에 맞게 알맞은 중국어 표현을 말해보세요.

❶ 나는 사교댄스 동아리에서 회원을 모집하고 있는 것을 발견했다. 나는 이 동아리에 가입하고 싶다.

→ _____

_____

❷ 그는 키도 크고 잘 생겼다. 나는 그가 매우 부럽다.

→ _____

12과

平遥离北京远吗?
Píngyáo lí Běijīng yuǎn ma?

평요는 북경에서 머니?

기본문장

1. **平遥离北京远吗?**
   Píngyáo lí Běijīng yuǎn ma?
   평요는 북경에서 머니?

2. **那不如坐高铁去。**
   Nà bùrú zuò gāotiě qù.
   그럼 고속철을 타고 가는 것보다 못하네.

3. **票一点儿也不紧张。**
   Piào yìdiǎnr yě bù jǐnzhāng.
   표가 조금도 부족하지 않아.

Key Point

개사 **离**

비교문3 **不如**

一点儿也不……

새로 나온 단어 🎧 12-1

☐ 国庆节	Guóqìng Jié	명	국경절
☐ 平遥古城	Píngyáo gǔchéng	고유	평요 고성
☐ 离	lí	부	~에서, ~로부터
☐ 远	yuǎn	형	멀다
↔ 近 jìn 형 가깝다			
☐ 坐	zuò	동	앉다, (교통 수단을) 타다
☐ 高铁	gāotiě	명	고속철
☐ 如果(…的话)	rúguǒ(…de huà)	접	만일, 만약 ~한다면
☐ 火车	huǒchē	명	기차
☐ 需要	xūyào	동	필요하다, 요구되다
☐ 直接	zhíjiē	부	직접, 곧장
☐ 火车站	huǒchēzhàn	명	기차역
☐ 转	zhuǎn	동	갈아타다, 바꾸다
☐ 公共汽车	gōnggòngqìchē	명	공공버스
☐ 不如	bùrú	동	~만 못하다
☐ 票	piào	명	표
☐ 紧张	jǐnzhāng	형	긴장하다 형 부족하다, 모자라다
☐ 要不	yàobù	접	그렇지 않으면
☐ 期末考试	qīmò kǎoshì	명	기말고사
☐ 结束	jiéshù	동	끝나다
☐ 之后	zhīhòu	명	직후, 이후
↔ 之前 zhīqián 명 직전, 이전			
☐ 或者	huòzhě	접	혹은, ~이든가 아니면 ~이다
☐ 开学	kāixué	동	개학하다
☐ 好好	hǎohǎo	부	잘, 열심히, 전력을 기울여
☐ 考虑	kǎolǜ	동	고려하다, 생각하다
☐ 一下	yíxià	양	(동사 뒤에 놓여) 좀 ~해보다, 한번 ~해보다

기본문장 알기

🎧 12-2

1 平遥离北京远吗？

Píngyáo lí Běijīng yuǎn ma? ▶ 평요는 북경에서 머니?

Key Point 개사 离

① '离'는 두 지점 사이의 거리를 나타내며 한국어의 '~로 부터, ~에서'에 해당한다.

기본 형식	A + 离 + B + 형용사
긍정문	学校离我家很远。 Xuéxiào lí wǒ jiā hěn yuǎn. 학교는 우리 집에서 매우 멀어.
부정문	学校离我家不远。 Xuéxiào lí wǒ jiā bù yuǎn. 학교는 우리 집에서 멀지 않아.
의문문	学校离你家远吗？ Xuéxiào lí nǐ jiā yuǎn ma? 학교는 너의 집에서 머니?

② '离'는 공간, 시간상의 거리를 나타낸다.

공간상 거리	学校离我家有300米。 Xuéxiào lí wǒ jiā yǒu sānbǎi mǐ. 학교는 우리 집에서 300미터야.
시간상 거리	现在离毕业还有半年。 Xiànzài lí bìyè háiyǒu bàn nián. 지금은 졸업으로부터 아직 반년 남았어.

문장 활용하기

平遥			北京	远吗？
学校	+	离 +	他们家	+ 不太远。
公司			我家	很远。
地铁站			这儿	很近。

단어 毕业 bìyè 동 졸업하다 / 地铁站 dìtiězhàn 명 지하철역

2 那不如坐高铁去。

Nà bùrú zuò gāotiě qù. ▶ 그럼 고속철을 타고 가는 것보다 못하네.

Key Point 비교문3 不如

① 'A不如B'는 'A는 B만 못하다'는 뜻을 나타내는 비교문의 한 형태이다.

기본 형식	A + 不如 + B (+ 형용사)
A + 不如 + B	我的汉语不如他。Wǒ de Hànyǔ bùrú tā. 나의 중국어는 그 사람만 못해.
A + 不如 + B + 형용사	我的汉语不如他流利。Wǒ de Hànyǔ bùrú tā liúlì. 나의 중국어는 그 사람보다 유창하지 못해.

② 'A + 不如 + B + 형용사'의 형용사는 '大', '高', '漂亮' 등과 같이 긍정적 의미의 형용사만 출현할 수 있다.

예문 (O) 哥哥不如弟弟高。Gēge bùrú dìdi gāo. 형은 동생보다 키가 크지 않아.
(X) 哥哥不如弟弟矮。Gēge bùrú dìdi ǎi. 형은 동생보다 키가 작지 않아.

문장 활용하기

哥哥		弟弟		认真。
我的听力	+ 不如 +	克里斯	+	好。
我写的字		他		漂亮。
那放假以前去		放假以后去		好。

 Tip!

• 현재와 비교할 경우 '不如' 앞의 'A'는 생략할 수 있다.
예문 奶奶的身体(现在)不如以前了。Nǎinai de shēntǐ (xiànzài) bùrú yǐqián le.
할머니의 몸은 (현재) 예전보다 못해졌어.

단어 矮 ǎi 형 (사람의 키가) 작다 / 认真 rènzhēn 형 진지하다, 착실하다 / 听力 tīnglì 명 청력 / 字 zì 명 글자, 문자

3 票一点儿也不紧张。

Piào yìdiǎnr yě bù jǐnzhāng. ▶ 표가 조금도 부족하지 않아.

Key Point 一点儿也不……

① '一点儿+也不……'는 '조금도 ~하지 않다'는 뜻으로 강한 부정을 나타낸다.
② 목적어가 있을 경우, 일반적으로 문장의 가장 앞자리에 둔다.

기본 형식	一点儿 + 也不 + 동사/형용사
一点儿 + 也不 + 동사	酒我一点儿也不喝。Jiǔ wǒ yìdiǎnr yě bù hē. 술을 나는 조금도 마시지 않아.
一点儿 + 也不 + 형용사	我一点儿也不累。Wǒ yìdiǎnr yě bú lèi. 나는 조금도 피곤하지 않아.

문장 활용하기

票		紧张。
酒	+ 一点儿也不 +	喝。
汉语		难。
今天		冷。

Tip!

- '一点儿+也没……'의 형식으로 과거에도 쓰인다.

一点儿 + 也不……	酒我一点儿也不喝。Jiǔ wǒ yìdiǎnr yě bù hē. 술을 나는 조금도 마시지 않아.
一点儿 + 也没……	酒我一点儿也没喝。Jiǔ wǒ yìdiǎnr yě méi hē. 술을 나는 조금도 마시지 않았어.

본문 익히기 1

🎧 12-5

克里斯 国庆节我打算去平遥古城。
Guóqìng Jié wǒ dǎsuan qù Píngyáo gǔchéng.

朴海镇 平遥离北京远吗？❶
Píngyáo lí Běijīng yuǎn ma?

克里斯 不太远。坐高铁坐四个小时。
Bú tài yuǎn. Zuò gāotiě zuò sì ge xiǎoshí.

朴海镇 坐高铁不贵吗？
Zuò gāotiě bú guì ma?

克里斯 有点儿贵。
Yǒudiǎnr guì.

但是，如果坐火车的话，需要十二个小时。
Dànshì, rúguǒ zuò huǒchē de huà, xūyào shí'èr ge xiǎoshí.

朴海镇 坐火车直接到平遥古城吗？
Zuò huǒchē zhíjiē dào Píngyáo gǔchéng ma?

克里斯 不，到火车站以后还得转公共汽车。
Bù, dào huǒchēzhàn yǐhòu hái děi zhuǎn gōnggòngqìchē.

朴海镇 那不如坐高铁去。❷
Nà bùrú zuò gāotiě qù.

본문 익히기 2

🎧 12-6

朴海镇　克里斯，票买到了吗？
　　　　Kèlǐsī, piào mǎidào le ma?

克里斯　还没有。票太紧张了。
　　　　Hái méiyǒu. Piào tài jǐnzhāng le.

朴海镇　那不如放假以后去。
　　　　Nà bùrú fàngjià yǐhòu qù.

克里斯　放假以后，我得回国。
　　　　Fàngjià yǐhòu, wǒ děi huíguó.

朴海镇　要不，期末考试结束之后或者开学之前去，怎么样？
　　　　Yàobù, qīmò kǎoshì jiéshù zhīhòu huòzhě kāixué zhīqián qù, zěnmeyàng?

'A或者B'는 'A 혹은(이든가) B'라는 뜻으로 서술문에 쓰인다.
예) 你来或者我去，都可以。
　　Nǐ lái huòzhě wǒ qù dōu kěyǐ.
　　네가 오든지 아니면 내가 가든지 다 돼.

克里斯　我得好好考虑一下。
　　　　Wǒ děi hǎohāo kǎolǜ yíxià.

朴海镇　不用考虑了。那个时候，票一点儿也不紧张。❸
　　　　Búyòng kǎolǜ le. Nà ge shíhou, piào yìdiǎnr yě bù jǐnzhāng.

본문 익히기 3

🎧 12-7

1 国庆节我打算去平遥。
Guóqìng Jié wǒ dǎsuan qù Píngyáo.

平遥离北京不太远。
Píngyáo lí Běijīng bú tài yuǎn.

坐高铁坐四个小时就到。
Zuò gāotiě zuò sì ge xiǎoshí jiù dào.

如果坐火车的话，需要坐十二个小时，
Rúguǒ zuò huǒchē de huà, xūyào zuò shí'èr ge xiǎoshí,

还得转公共汽车。所以不如坐高铁去。
hái děi zhuǎn gōnggòngqìchē. Suǒyǐ bùrú zuò gāotiě qù.

✏️ 본문3을 참조하여 자신의 상황에 맞게 중국어로 서술하세요.

1 _____ 我打算去 _____ 。

_____ 离 _____ 不太远。

坐 _____ 坐 _____ 小时就到。

如果坐火车的话，需要坐 _____ ，

还得转 _____ ，不如坐 _____ 去。

🎧 12-8

2 国庆节快到了。
Guóqìng Jié kuài dào le.

可是我还没买到票。
Kěshì wǒ hái méi mǎidào piào.

朴海镇建议，期末考试结束之后或者开学之前去。
Piáo Hǎizhèn jiànyì, qīmò kǎoshì jiéshù zhīhòu huòzhě kāixué zhīqián qù.

他说，那个时候票一点儿也不紧张。
Tā shuō, nà ge shíhou piào yìdiǎnr yě bù jǐnzhāng.

我得好好考虑一下他的建议。
Wǒ děi hǎohǎo kǎolǜ yíxià tā de jiànyì.

✏️ 본문3을 참조하여 자신의 상황에 맞게 중국어로 서술하세요.

2 ＿＿＿＿＿＿快到了。可是我还没＿＿＿＿＿＿。

＿＿＿＿＿＿建议，＿＿＿＿＿＿或者＿＿＿＿＿＿去。

他(她)说，那个时候＿＿＿＿＿＿一点儿也不紧张。

我得好好考虑一下他(她)的建议。

연습문제

1. 밑줄 친 부분에 알맞은 표현을 사용해 대화문을 완성해 보세요.

❶ A 平遥离北京远吗?

　　B 不太远，坐 (gāotiě zuò sì ge xiǎoshí) _____ 。

❷ A 坐高铁不贵吗?

　　B (Yǒudiǎnr guì) _____ 。

❸ A 票买到了吗?

　　B 还没有，(piào tài jǐnzhāng le) _____ 。

2. 틀린 부분을 바르게 고쳐 보세요.

❶ 那坐高铁去不如。 그럼 고속철을 타고 가는 것보다 못하네.

➜ _____

❷ 坐火车平遥古城直接到吗？ 기차를 타면 곧장 평요 고성에 도착하는 거야?

➜ _____

❸ 那个时候票也不紧张一点儿。 그때는 표가 조금도 부족하지 않아.

➜ _____

❹ 要不，期末考试结束之后还是开学之前去，怎么样？
　 그렇지 않으면 기말고사가 끝난 직후 혹은 개학 직전에 가는 건 어때?

➜ _____

3. 제시된 단어를 어순에 맞게 배열해 보세요.

❶ 打算 / 国庆节 / 去 / 我 / 平遥古城 국경절에 나는 평요 고성에 갈 계획이야.

→ _____

❷ 到 / 还得 / 火车站 / 公共汽车 / 以后 / 转
기차역에 도착한 이후 또 버스로 갈아타야 해.

→ _____

❸ 我 / 一下 / 好好 / 得 / 考虑 나는 잘 좀 생각해 봐야겠어.

→ _____

❹ 到 / 国庆节 / 快 / 了 / 买到 / 可是 / 还没 / 票 / 我
국경절이 곧 다가온다. 그런데 나는 아직 표를 사지 못했다.

→ _____

4. 아래 상황에 맞게 알맞은 중국어 표현을 말해보세요.

❶ 만일 기차를 타면 12시간이 걸리고 또 버스로 갈아타야 한다. 그래서 고속철을 타고 가는 것보다 못하다.

→ _____

❷ 박해진은 기말고사 직후 아니면 개학 직전에 갈 것을 건의했다. 그는 그때는 표가 조금도 부족하지 않다고 말했다. 나는 그의 건의를 잘 좀 생각해 봐야겠다.

→ _____

본문 해석 및 연습문제 정답

1과

본문 익히기 ❶

양도희 리홍, 안녕! 오랜만이야!
장리홍 안녕! 도희. 너는 언제 돌아왔니?
양도희 나는 어제 돌아왔어.
장리홍 너는 방학에 무엇을 했니?
양도희 나는 학원에서 중국어를 공부했어. 너는?
장리홍 나는 맥도날드에서 아르바이트를 했어.

본문 익히기 ❷

양도희 해진아, 방학숙제, 너는 다 했니?
박해진 나는 다 했어. 너는?
양도희 나는 아직 다 하지 못했어. 이게 너의 숙제니?
박해진 응. 내가 쓴 것이 어때?
양도희 너는 매우 잘 썼어.
박해진 너의 칭찬 고마워.

본문 익히기 ❸

① 오늘 아침에 나는 내 친구 도희를 만났다. 그녀는 어제 돌아왔다. 이번 방학에 나는 맥도날드에서 아르바이트를 했고, 도희는 귀국해서 학원에서 중국어를 배웠다.

② 이번 방학에 우리는 숙제가 하나 있었는데, 바로 중국어를 사용해 여행일기를 쓰는 것이다. 나는 다 했는데, 내 친구 도희는 아직 다 하지 못했다. 그녀는 내 여행일기를 정말 잘 썼다고 말했다.

연습문제 정답

1. (1) 是昨天回来的
   (2) 做好了吗
   (3) 你写得非常好

2. (1) 我是昨天回来的。
   (2) 我还没做好。
   (3) 他写得非常好。
   (4) 我在补习班学汉语了。

3. (1) 你是什么时候回来的?
   (2) 谢谢你的夸奖。
   (3) 作业是用汉语写日记。
   (4) 假期的作业, 你做好了吗?

4. (1) 这个假期, 我在麦当劳打工了, 导喜回国在补习班学汉语了。
   (2) 这个假期我们有一个作业, 就是用汉语写旅行日记。

2과

본문 익히기 ❶

왕선생님 크리스, 방학 어떻게 보냈니?
크리스 저는 아주 재밌게 보냈습니다. 선생님은 어떻게 보내셨나요?
왕선생님 나는 아주 바쁘게 보냈어. 나는 많은 국제회의에 참가했어.
크리스 선생님, 어떤 곳에 다녀오셨어요?
왕선생님 한국, 미국, 일본 그리고 프랑스에 갔었어.
크리스 와! 선생님은 참 대단하세요!

본문 익히기 ❷

크리스 도희야, 너는 왕 선생님의 중국어 수업을 들어본 적이 있어?
양도희 없어. 그의 수업은 어때?
크리스 지난 학기에 나는 그의 수업을 들어봤어. 그는 수업을 아주 잘하셔.
양도희 그런데 내 친구들이 말하는 걸 들었는데 그의 수업이 좀 어렵대.
크리스 그의 수업은 어렵기는 어려운데, 그런데 나는 (그의 수업을) 듣는 것을 매우 좋아해.
양도희 그럼 너는 무엇때문에 그의 수업 듣는 걸 좋아해?
크리스 왜냐하면 그는 수업을 아주 잘하시기 때문이야. 너도 한번 들어봐봐.

본문 익히기 ❸

① 이번 방학을 왕 선생님은 아주 바쁘게 보내셨다. 그는 많은 국제회의 참가했다. 회의에 참가하기 위해 그는 한국, 미국, 일본 그리고 프랑스에 갔었다.

② 크리스는 지난 학기에 왕 선생님의 중국어 수업을 들어 봤다. 그는 왕 선생님의 수업은 어렵기는 어렵지만, 그러나 그는 왕 선생님의 수업을 듣는 것을 매우 좋아한다고 말했다. 왜냐하면 왕 선생님은 수업을 아주 잘하시기 때문이라고 했다.

연습문제 정답

1. (1) 非常有意思
   (2) 哪些地方
   (3) 讲课讲得非常好啊

2. (1) 我没有参加国际会议。
   (2) 他讲课讲得非常好。
   (3) 他讲课讲得不好。
   (4) 他的课有点儿难。

3. (1) 我过得非常忙。
   (2) 我参加了很多国际会议。
   (3) 上个学期我听过他的课。
   (4) 他的课难是难,可是我很喜欢听。

4. (1) 为了参加会议,他去了韩国、美国、日本和法国。
   (2) 克里斯说,王老师的课难是难,可是他很喜欢听王老师的课。

3과

본문 익히기 1

양노희 종업원, 여기 〈두근두근 중국어1〉이 있나요?
종업원 있어요. D구역에 있어요.
양도희 한 권에 얼마예요? 저는 두 권을 사려고 해요.
종업원 한 권에 85위안입니다. 다 합쳐서 170위안입니다.
양도희 학생 할인혜택이 있나요?
종업원 있습니다. 본교 학생은 10% 할인혜택이 있습니다.

본문 익히기 2

박해진 크리스, 나와 함께 슈퍼마켓에 가자!
크리스 너는 무엇을 사고 싶은데?
박해진 우리 아빠가 나에게 레노버 컴퓨터를 한 대 사주셨어. 나는 무선 마우스를 한 개 사고 싶어.
크리스 무선 마우스는 유선 마우스보다 사용하기 좋니?
박해진 당연히 사용하기 좋지! 하지만, 무선 마우스는 유선 마우스보다 비싸.
크리스 무선 마우스는 하나에 얼마인데?
박해진 150위안 정도야.

본문 익히기 3

① 오늘 오후에 나는 중국어 책을 사러 갔었다. 학교 서점에 그 책이 있다. 한 권에 85위안이다. 서점에는 학생 할인이 있었고, 본교 학생은 10% 할인혜택이 있다. 나는 두 권을 사서, 할인혜택 이후, 전부 153위안이었다.

② 내 컴퓨터가 고장 났다. 우리 아빠는 나에게 레노버 컴퓨터를 한 대 사주셨다. 나는 무선 마우스를 한 개 사고 싶다. 무선 마우스는 유선 마우스보다 사용하기 좋다. 그러나 가격이 유선 마우스보다 비싸다.

연습문제 정답

1. (1) 多少钱
   (2) 去超市
   (3) 本校学生优惠

2. (1) 一个无线鼠标多少钱?
   (2) 这本书不比那本书贵。
   (3) 陪我去超市吧。
   (4) 我爸爸给我买了一台电脑。

3. (1) 我想给妈妈买两本书。
   (2) 无线鼠标比有线鼠标好用吗?
   (3) 价格比有线鼠标贵。
   (4) 今天下午我去买汉语书了。

4. (1) 学校书店有那本书。一本85块。我买两本,优惠以后,一共153块。
   (2) 我的电脑坏了。我爸爸给我买了一台电脑。

5. (1) 一杯咖啡二十二块五(毛)。
   (2) 一本书三十六块。
   (3) 一件衣服两百七(十块)。
   (4) 一台电脑一千八百八(十块)。
   (5) 一碗米饭五块。

본문 해석 및 연습문제 정답

4과

본문 익히기 ❶

왕선생님 올해 여름은 너무 덥다. 해진아 한국은 어때?
박해진 한국도 매우 더워요. 올해 서울은 북경보다 더워요.
왕선생님 듣자하니, 한국에서 가장 더운 곳은 대구라던데 맞니?
박해진 맞아요. 그런데 올해 대구는 서울보다 덥지 않아요.
왕선생님 너는 북경의 여름이 좋니 아니면 서울의 여름이 좋니?
박해진 저는 서울의 여름이 좋아요. 북경의 여름은 정말로 너무 더워요.

본문 익히기 ❷

리첸 크리스, 뉴욕의 여름도 이렇게 더워?
크리스 뉴욕의 여름은 북경만큼 덥지 않아.
리첸 그럼 너는 북경에 있는 것이 적응이 되었니?
크리스 나는 이미 적응이 되었어. 하지만 나는 북경의 가을이 좋아.
리첸 가을의 북경은 매우 아름답지. 특히 향산의 단풍말이야.
크리스 너는 고향이 어디야? 날씨는 어때?
리첸 내 고향은 곤명이야. 일 년 사계절이 모두 봄과 같아.
크리스 듣자하니 곤명은 봄의 도시라던데. 기회가 있으면 나는 한번 가보고 싶어!

본문 익히기 ❸

① 올해 한국의 여름은 너무 덥다. 서울은 북경보다도 더 덥다. 한국에서 가장 더운 곳은 대구이다. 그런데 올해 대구는 서울보다 덥지 않다.

② 크리스는 뉴욕의 여름은 북경만큼 덥지 않다고 말했다, 하지만 그는 북경에 온 이후 이미 적응이 되었다고 한다. 리첸의 고향은 곤명이다. 곤명은 봄의 도시로, 일 년 사계절이 모두 봄과 같다. 크리스는 매우 한번 가보고 싶어 한다.

연습문제 정답

1. (1) 还是 / 北京的夏天
   (2) 这么热
   (3) 已经

2. (1) 今年大邱不比首尔热。
   (2) 北京的夏天实在太热了。
   (3) 纽约的夏天没有北京热。
   (4) 你在北京习惯吗?

3. (1) 我喜欢北京的秋天。
   (2) 李晨的老家是昆明。
   (3) 一年四季都像春天一样。
   (4) 有机会我想去看看。

4. (1) 韩国最热的地方是大邱, 不过今年大邱不比首尔热。
   (2) 克里斯说纽约的夏天没有北京热。不过他来北京以后, 已经习惯了。

5과

본문 익히기 ❶

장리홍 크리스, 이번 학기에 몇 과목을 선택했니?
크리스 나는 일곱 과목을 선택했어.
장리홍 그렇게 많이! 매일 수업이 있니?
크리스 아니야. 월요일부터 목요일까지 수업이 있고, 금요일에는 수업이 없어. 너는?
장리홍 월요일부터 수요일까지 수업이 있고, 목요일부터 시작해서 수업이 없어.
크리스 이번 학기에 너는 정말 부담이 없겠구나!
장리홍 그럴리가! 나는 졸업 시험을 준비해야 해.

본문 익히기 ❷

양도희 리첸, 이번주 금요일에 시간이 있니?
리첸 금요일에 나는 9시부터 12시까지 수업을 들어.
양도희 수업을 마친 이후에, 너는 무엇을 하니?
리첸 특별한 일 없어. 왜?
양도희 그럼, 너는 나에게 얼후를 가르쳐 줄 수 있니?

본문 해석 및 연습문제 정답

리첸 너는 내가 얼후를 연주할 수 있다는 것을 어떻게 알았니?
양도희 해진이가 나에게 알려줬어. 너는 나를 가르쳐 줄 수 있어 없어?
리첸 할 수 있어! 문제 없어!

본문 익히기 3

① 이번 학기에 나는 일곱 과목을 선택했다. 월요일부터 목요일까지 수업이 있다. 장리홍은 월요일부터 수요일까지 수업이 있고, 목요일부터 시작해서 수업이 없다. 나는 그녀가 이번 학기에 정말 부담이 없겠다고 느꼈다. 그러나 그녀는 졸업 시험을 준비해야만 한다고 말했다.

② 나는 얼후 연주를 배우고 싶다. 박해진이 나에게 리첸이 얼후를 연주할 수 있다고 알려주었다. 나는 리첸에게 나에게 얼후를 연주하는 것을 가르쳐 줄 수 있는지 없는지를 물어보았다. 그는 금요일은 9시부터 12시까지 수업이 있고, 오후에 아무런 일도 없기에 금요일 오후에 나에게 얼후를 연주하는 것을 가르쳐 줄 수 있다고 말했다.

연습문제 정답

1. (1) 哪儿啊 / 得
   (2) 从 / 到
   (3) 教 / 怎么 / 会

2. (1) 你选了几门课？
   (2) 从一点到三点上课。
   (3) 我得准备毕业考试。
   (4) 我不能教你二胡。

3. (1) 我从星期四开始没有课。
   (2) 你怎么知道我会拉二胡？
   (3) 我觉得这个学期挺轻松的。

4. (1) 我选了七门课。从星期一到星期三有课，从星期四开始没有课。
   (2) 我问李晨能不能教我拉二胡。他说星期五下午能教我拉二胡。

6과

본문 익히기 1

장리홍 도희야, 너 무슨 일이야? 얼굴색이 이렇게 창백하다니!
양도희 배가 불편해.
장리홍 언제 시작되었는데?
양도희 오늘 아침부터 시작되었어. 배가 갈수록 아파.
장리홍 내가 너를 데리고 병원에 갈게!
양도희 고마워! 너는 나를 부축해서 내려갈 수 있어?
장리홍 당연하지! 조심해야 돼!

본문 익히기 2

크리스 여보세요? 해진아, 너 오늘 왜 수업 들으러 안 왔어?
박해진 여행에서 돌아온 이후 나는 감기에 걸렸어.
크리스 너는 어디가 아프니?
박해진 목이 매우 아프고 머리도 매우 아파. 온몸이 아파.
크리스 지금도 아직 아프니?
박해진 약을 다 먹은 후, 기숙사에서 하루 쉬었어. 지금은 많이 좋아졌어.
크리스 그럼 내일은 수업 들으러 올 수 있어?
박해진 문제 없어. 내일 나는 수업 들으러 갈 수 있어. 내일 학교에서 보자.

본문 익히기 3

① 내 친구 도희는 오늘 얼굴이 매우 창백했다. 그녀는 배가 불편하고, 게다가 갈수록 더 아프다고 했다. 나는 그녀를 데리고 병원에 가서 진료를 받고 싶었다. 그녀도 동의해서 나는 그녀를 부축해서 내려갔다.

② 나는 여행에서 돌아온 이후, 목이 매우 아프고 머리도 매우 아프고 온몸이 불편했다. 감기에 걸린 것 같았다. 약을 다 먹은 후 기숙사에서 하루를 쉬었더니 지금은 많이 좋아졌다. 내일은 수업 들으러 갈 수 있게 되었다.

연습문제 정답

1. (1) 肚子不舒服
   (2) 嗓子 / 头 / 浑身
   (3) 明天我能去上课

본문 해석 및 연습문제 정답

2. (1) 你能扶我下去吗?
   (2) 旅行回来以后，我感冒了。
   (3) 吃完药以后，在宿舍休息了一天。
   (4) 明天在学校见吧。

3. (1) 你今天怎么没来上课?
   (2) 肚子越来越疼了。
   (3) 我带你去医院吧！
   (4) 现在还不舒服吗?

4. (1) 我想带她去医院看医生。她也同意，所以我扶她下去了。
   (2) 吃完药以后，在宿舍休息了一天，现在好多了。明天我能去上课了。

7과

본문 익히기 1

박해진 도희야, 듣자하니 너는 병원에 입원했다며. 나는 너를 보러 한번 가보려고 해.
양도희 너는 올 필요 없어. 나는 지금 많이 좋아졌어.
박해진 너는 병원에 입원한 것이 익숙해 졌니?
양도희 나는 입원이 익숙해졌어.
박해진 그건 그거대로 괜찮네. 너는 언제 퇴원하니?
양도희 지금은 아직 모르겠어.
박해진 네가 빨리 회복해서 퇴원하기를 바라!

본문 익히기 2

의사 오늘 느낌은 어떻습니까?
양도희 비록 배가 여전히 아프지만, 그러나 많이 좋아졌어요.
의사 제가 볼 때, 당신은 모레면 퇴원할 수 있습니다.
양도희 그럼 오늘도 주사를 맞아야 합니까?
의사 필요 없습니다. 약을 먹으면 됩니다.
양도희 퇴원한 이후에도 여전히 약을 먹어야 합니까?
의사 일주일을 더 먹어야 합니다. 매일 세 번, 한 번에 두 알씩 드세요.

본문 익히기 3

① 듣자하니, 내 친구 도희가 병원에 입원했다고 해서, 나는 한번 보러 가고 싶다. 도희가 말하길, 그녀는 지금 많이 좋아졌으며, 올 필요가 없다고 한다. 그녀는 병원에 입원해 있는게 익숙해졌지만 그러나 그녀는 언제 퇴원할지 아직 모른다고 말했다.

② 나는 병원에 입원했다. 비록 배가 여전히 아프지만, 그러나 많이 좋아졌다. 의사가 말하길 나는 모레면 퇴원할 수 있다고 한다. 오늘부터 시작해서 주사를 맞을 필요가 없으며, 약만 먹으면 된다.

연습문제 정답

1. (1) 住得惯吗
   (2) 虽然 / 但是
   (3) 得 / 得

2. (1) 出院以后我还得吃药。
   (2) 你住得惯吗? / 你住得惯住不惯?
   (3) 每天吃三次，一次吃两片。
   (4) 你后天可以出院了。

3. (1) 虽然肚子还是疼，但是好多了。
   (2) 吃药就可以了。
   (3) 从今天开始不用打针了。
   (4) 她还不知道什么时候出院。

4. (1) 我朋友住院了。她说她在医院住得惯。
   (2) 还得吃一个星期。每天吃三次，一次吃两片。

8과

본문 익히기 1

크리스 여보세요? 해진아, 바빠?
박해진 안 바빠. 나는 누워서 텔레비전을 보고 있어. 무슨 일 있어?
크리스 도희가 퇴원했어. 우리는 그녀를 초대해서 밥을 먹자.
박해진 좋은 생각이야!
크리스 내가 지금 바로 그녀에게 전화를 할게!
박해진 그럼 나도 리홍과 리천에게 좀 물어볼게.

본문 해석 및 연습문제 정답

크리스 좋아!

본문 익히기 2

박해진 여보세요? 도희야, 너는 왜 아직도 안 와?
양도희 미안해. 나는 한창 가고 있는 중이야. 곧 도착해.
박해진 우리는 식당 입구에서 너를 기다리고 있어!
양도희 그럴 필요 없어. 너희들은 먼저 들어가서 요리를 주문해!
리천   해진아, 도희는 어디래?
박해진 곧 도착해. 그녀가 우리에게 먼저 요리를 주문하라고 시켰어.
리천   그럼 우리 들어가서 요리를 주문하자!

본문 익히기 3

① 크리스가 나에게 전화해서 도희가 퇴원했다고 알려주었다. 그는 도희를 초대해서 밥을 먹자고 건의했다. 나도 그의 건의에 동의했다. 그리하여 우리는 각자 친구들에게 전화를 걸었다.

② 오늘 우리는 회식을 하기로 했고, 식당 입구에서 만나기로 약속했다. 그러나 도희는 아직 오지 않았다. 그녀는 한창 오고 있는 중이라고 말했고, 우리에게 먼저 들어가서 요리를 주문하라고 시켰다.

연습문제 정답

1. (1) 躺着看电视呢
   (2) 正在路上呢
   (3) 到 / 点菜

2. (1) 我也问问丽红和李晨吧。
   (2) 我们在餐厅门口等着你呢!
   (3) 你们先进去点菜吧!
   (4) 我躺着看电视呢。

3. (1) 我现在就给她打电话!
   (2) 他建议请导喜吃饭。
   (3) 我正在路上呢, 马上就到。
   (4) 她让我们先点菜。

4. (1) 克里斯给我来电话告诉我导喜出院了。他建议请导喜吃饭。于是我们各自给朋友们打电话。
   (2) 今天我们聚餐, 说好在餐厅门口见面。但是导喜说她正在路上呢, 让我们先进去点菜。

9과

본문 익히기 1

리천   나는 요리를 다 주문했어. 너희들 한번 봐봐!
박해진 됐어. 우리는 너를 믿어!
장리홍 도희는 어째서 아직 안 오는 거지?
박해진 그녀가 조금 전에 문자메시지를 보내왔어. 그녀는 우리에게 먼저 먹으라고 시켰어.
크리스 지금은 퇴근 러시아워야, 길이 몹시 막혀.
박해진 우리는 먹으면서 그녀를 기다리자!
장리홍 오늘은 도희가 주인공이야. 우리 그녀를 좀 더 기다려 보자!

본문 익히기 2

양도희 좀 전에 내가 늦게 왔어. 내가 너희들에게 커피를 대접할게.
리천   아, 커피 다 되었어! 내가 가서 가지고 올게.
크리스 선생님이 내주신 숙제를 너희들은 모두 해내었니?
박해진 나는 이미 다 해내었어.
양도희 무슨 숙제인데? 나는 왜 모르지?
크리스 네가 입원해 있을 때 선생님이 내주신 거야. 내일은 반드시 제출해야 해.
리천   너희들 무슨 문제가 있으면 나를 찾아! 내가 너희들을 도와줄게!

본문 익히기 3

① 길이 몹시 막혀서, 도희가 아직 도착하지 않았다. 그녀는 우리에게 먼저 밥을 먹으라고 시켰다. 그러나 오늘은 도희가 주인공이다. 우리는 그녀를 좀 더 기다리기로 결정했다.

② 도희가 입원했을 때, 선생님이 우리들에게 숙제를 내주셨다. 나와 도희는 아직 숙제를 다 해내지 못했다. 리천은 그가 우리를 도와줄 수 있다고 말했다.

본문 해석 및 연습문제 정답

연습문제 정답

1. (1) 我把菜点好了
   (2) 堵得很
   (3) 拿过来

2. (1) 老师留的作业我做出来了。
       / 我把老师留的作业做出来了。
   (2) 明天应该交上去。 / 应该明天交上去。
   (3) 我们还没把作业做出来。
   (4) 老师给我们留了作业。

3. (1) 我把菜点好了。
   (2) 导喜怎么还不来啊?
   (3) 我们决定再等等她。
   (4) 我们一边吃,一边等她吧!

4. (1) 由于路上堵得很, 导喜还没到。她叫我们先吃饭。
   (2) 我和导喜还没把作业做出来。李晨说他能帮我们。

10과

본문 익히기 1

크리스 리천, 너 나랑 같이 파출소에 한 번 다녀올 수 있어?
리천 무슨 일이라도 있어?
크리스 내 여권을 잃어버렸어. 경찰에 신고해야 돼.
리천 어제 야시장에서 잃어버린 것 아니야?
크리스 나도 모르겠어. 이리저리 찾아보았지만 여전히 찾을 수가 없어.
리천 보아하니, 네 여권은 소매치기에게 도둑맞은 것일거야.

본문 익히기 2

양도희 크리스, 오늘 너 안색이 안 좋아. 무슨 일이라도 있어?
크리스 나는 엄마에게 한바탕 혼이 났어.
양도희 무엇때문에?
크리스 내가 여권을 잃어버려서.
양도희 그럼 너는 그래도 다음 주에 홍콩에 갈 수 있겠어?
크리스 나는 이미 대사관에 여권을 신청했어.
양도희 그럼 잘 됐네. 이번에 홍콩에 갈 수 없다면 얼마나 섭섭하겠어!

본문 익히기 3

① 오늘 아침에 나는 내 여권을 잃어버렸다는 것을 알아차렸다. 나는 집에서 이리저리 찾아보았지만 그러나 여전히 찾을 수 없었다. 보아하니, 어제 야시장에서 소매치기에게 도둑맞은 것 같다. 나는 파출소에 가서 신고할 수밖에 없었다.

② 나는 여권을 잃어버려서, 엄마에게 한바탕 혼이 났다. 홍콩 여행을 가기 위해, 나는 어제 이미 대사관에 여권을 신청했다.

연습문제 정답

1. (1) 丢了 / 报警
   (2) 批评了一顿
   (3) 我丢了护照

2. (1) 你能陪我去一趟派出所吗?
   (2) 我被我妈妈批评了一顿。
   (3) 那你下个星期还能去香港吗?
   (4) 这次去不了香港, 多可惜啊!

3. (1) 是不是昨天在夜市丢的?
   (2) 你的护照被小偷偷走了。
   (3) 我已经向大使馆申请了护照。
   (4) 我只好去派出所报警。

4. (1) 今天早上我发现我的护照丢了。我在家找来找去,可还是找不到。看来,昨天在夜市被小偷偷走了。
   (2) 我因为丢了护照,被妈妈批评了一顿。为了去香港旅游,昨天我已经向大使馆申请了护照。

11과

본문 익히기 1

양도희 크리스, 너는 무엇을 보고 있니?
크리스 나는 광고 포스터를 보고 있어.
양도희 광고 포스터에 무엇이 쓰여져 있니?
크리스 사교댄스 동아리에서 회원을 모집하고 있어. 너는 사교댄스를 출 수 있니?

양도희 나는 한국에서 배웠었어. 한 학기를 배웠어도 춤을 출 수 없어.
크리스 나는 한번도 배워본 적이 없어. 우리 같이 이 동아리에 가입하자!
양도희 내가 한번 생각 좀 해 볼게.

본문 익히기 2

장리홍 어머, 너희도 여기에 있네?
양도희 우리는 동아리에 가입했어.
장리홍 너희들은 어째서 이제서야 나에게 알려주니? 환영해, 환영해!
양도희 너 좀 봐봐, 뒤쪽에 저분은 키도 크고 잘 생겼다!
장리홍 하하! 그는 나의 선배이고, 이 동아리의 회장이야.
양도희 그는 나이가 어떻게 되니? 그는 어느 전공이야?
장리홍 그는 나보다 두 살이 많아. 그는 법률을 배우고 있어.

본문 익히기 3

① 나는 사교댄스 동아리에서 회원을 모집하고 있는 것을 발견했다. 나는 사교댄스를 한 번도 배워본 적이 없다. 하지만 내 친구 도희는 한국에서 배운 적이 있다. 하지만, 그녀는 한 학기를 배웠어도 할 수 없었다. 나는 도희와 함께 이 동아리에 가입하고 싶다.

② 오늘 나와 도희는 사교댄스 동아리에서 장리홍의 선배를 봤다. 그는 장리홍보다 두 살이 많다. 그는 법률을 공부한다. 그는 키도 크고 잘 생겼다. 나는 그가 매우 부럽다.

연습문제 정답

1. (1) 我在看海报
   (2) 你会跳交际舞吗
   (3) 哪个专业

2. (1) 你们怎么才告诉我？
   (2) 我们一起加入这个社团吧！
   (3) 我学了一个学期也没学会。
   (4) 他是学法律的。

3. (1) 海报上写着什么？
   (2) 我从来没有学过交际舞。
   (3) 后边的那位又高又帅！
   (4) 交际舞社团在招会员。

4. (1) 我发现交际舞社团在招会员。我想加入这个社团。
   (2) 他又高又帅。我很羡慕他。

12과

본문 익히기 1

크리스 국경절에 나는 평요 고성에 갈 계획이야.
박해진 평요는 북경에서 머니?
크리스 그다지 멀지 않아. 고속철을 타면 4시간이야.
박해진 고속철을 타면 비싸지 않아?
크리스 좀 비싸. 그런데 만일 기차를 타면 12시간이 걸려.
박해진 기차를 타면 곧장 평요 고성에 도착하는 거야?
크리스 아니야. 기차역에 도착한 이후 또 버스로 갈아타야 해.
박해진 그럼 고속철을 타고 가는 것보다 못하네.

본문 익히기 2

박해진 크리스, 표 샀어?
크리스 아직이야. 표가 너무 부족해.
박해진 그럼 방학 이후에 가는 것이 낫겠다.
크리스 방학 이후에 나는 귀국해야 해.
박해진 그렇지 않으면, 기말고사 끝난 직후 혹은 개학 직전에 가는 건 어때?
크리스 나는 잘 좀 생각해 봐야겠어.
박해진 생각할 필요 없어. 그때는 표가 조금도 부족하지 않아.

본문 익히기 3

① 국경절에 나는 평요에 갈 계획이다. 평요는 북경에서 그다지 멀지 않다. 고속철을 타면 4시간이면 도착한다. 만일 기차를 타면 12시간이 걸리고 또 버스로 갈아타야 한다. 그래서 고속철을 타고 가는 것보다 못하다.

② 국경절이 곧 다가온다. 그런데 나는 아직 표를 사지 못했다. 박해진은 기말고사 직후 아니면 개학 직전에 갈 것을 건의했다. 그는 그때는 표가 조금도 부족하지 않다고 말했다. 나는 그의 건의를 잘 좀 생각해 봐야겠다.

본문 해석 및 연습문제 정답

연습문제 정답

1. (1) 高铁坐四个小时
   (2) 有点儿贵
   (3) 票太紧张了

2. (1) 那不如坐高铁去。
   (2) 坐火车直接到平遥古城吗?
   (3) 那个时候票一点儿也不紧张。
   (4) 要不, 期末考试结束之后或者开学之前去, 怎么样?

3. (1) 国庆节我打算去平遥古城。
   (2) 到火车站以后还得转公共汽车。
   (3) 我得好好考虑一下。
   (4) 国庆节快到了, 可是我还没买到票。

4. (1) 如果坐火车的话, 需要坐十二个小时, 还得转公共汽车。所以不如坐高铁去。
   (2) 朴海镇建议, 期末考试结束之后或者开学之前去。他说, 那个时候票一点儿也不紧张。我得好好考虑一下他的建议。

워크북 정답

1과

2. ① 不见　　② 是 / 的　　③ Rìjì / 完　　④ 写得　　⑤ fēicháng

3. ① 做什么　　② 回来　　③ 麦当劳　　④ 做好 / 做好　　⑤ 就是 / 旅行日记

4. ① 谢谢你的夸奖。
   ② 假期的作业，你做好了吗?
   ③ 我是坐飞机回来的。
   ④ 汉语学得不好。

5. ① a　　② b　　③ c

2과

2. ① Jiàqī / 怎么样　　② nǎxiē dìfang　　③ Wā / 厉害　　④ 听过 / Hànyǔ kè　　⑤ yǒudiǎnr

3. ① 有意思　　② 很多衣服　　③ 上个学期　　④ 很流利　　⑤ 聪明是聪明，不爱学习

4. ① 你为什么喜欢听他的课?
   ② 他吃了很多菜。
   ③ 他写汉字写得很好看。
   ④ 她漂亮是漂亮，可是我不喜欢她。

5. ① b　　② b　　③ c

3과

2. ① Fúwùyuán / 这儿　　② Yì běn / 多少钱　　③ 陪 / 超市　　④ 无线鼠标 / 有限鼠标　　⑤ Yōuhuì / yígòng

3. ① 优惠　　② 给 / 一台电脑　　③ 一本　　④ 比 / 帅

4. ① 韩语比汉语容易。
   ② 他弟弟不比他高。
   ③ 无线鼠标比有线鼠标好用吗?
   ④ 妈妈给我买了一件衣服。
   ⑤ 本校学生优惠10%

5. ① b　　② a　　③ c

4과

2. ① 夏天 / rè　　② Shǒu'ěr　　③ 习惯　　④ xǐhuan / 秋天　　⑤ lǎojiā / 气候

3. ① 实在是　　② 已经　　③ 昆明　　④ 不比

4. ① 你喜欢我还是喜欢她? / 你喜欢我还是她?
   ② 丽红没有克里斯大。
   ③ 他说得像外国人一样。
   ④ 秋天的北京很美，特别是香山的红叶。
   ⑤ 昆明是春城，有机会我想去看看。

5. ① a　　② c　　③ b

5과

2. ① 学期 / jǐ mén　　② 从 / 到　　③ 开始　　④ 得　　⑤ 能 / jiāo

3. ① 嘛　　② 怎么 / 会　　③ 觉得 / 轻松　　④ 能 / 拉

4. ① 这个学期我选了七门课。
   ② 我姐姐能教你做泡菜。
   ③ 我得准备汉语考试。
   ④ 他说星期五从早上九点到十二点有课。

5. ① b　　② b　　③ b

워크북 정답

6과

2. ① dùzi / 舒服　　② shíhou / 开始
   ③ Lǚxíng / 感冒　　④ néng fú
   ⑤ 药 / sùshè / xiūxi

3. ① 怎么了 / 这么　　② 从 / 开始
   ③ 怎么　　　　　　④ 嗓子 / 头 / 浑身

4. ① 他的女儿越来越漂亮了。
   ② 你能和我回去吗?
   ③ 我在宿舍休息了一天, 现在好多了。
   ④ 明天我能去上课, 在学校见吧。
   ⑤ 我浑身不舒服, 好像感冒了。

5. ① b　　② c　　③ c

7과

2. ① 住院 / zhù de guàn　② 早日康复 / chūyuàn
   ③ 虽然 / 但是　　④ 吃药 / 可以
   ⑤ búyòng / 打针

3. ① 吃得惯　　② 穿不惯
   ③ 可以　　　④ 三次 / 两片

4. ① 他们喝得惯中国茶。
   ② 每天吃几次? 每天吃两次。
   ③ 今天不用打针, 吃药就可以了。
   ④ 虽然肚子还是疼, 但是好多了。

5. ① a　　② c　　③ b

8과

2. ① 出院　　　　　② 打电话
   ③ 餐厅 / děng　④ 聚餐
   ⑤ 躺着 / kàn diànshì

3. ① 快 / 让　　　　② 马上 / 到
   ③ 不用了 / 先进去　④ 于是 / 各自

4. ① 他站着听音乐呢。
   ② 我想请导喜看电影。
   ③ 爸爸让弟弟去问问妈妈。
   ④ 我正在写作业呢。
   ⑤ 她说她正在路上呢, 让我们先进去点菜。

5. ① b　　② a　　③ b

9과

2. ① bǎ / 好
   ② gāngcái / 短信 / jiào / xiān
   ③ yìbiān / 等　　④ 迟到 / qǐng
   ⑤ 由于 / 堵得

3. ① 把 / 学好　　② 叫 / 起床
   ③ 去 / 过来　　④ 已经 / 出来

4. ① 我们一边看书, 一边喝咖啡。
   ② 我朋友把礼物买好了。
   ③ 我们决定再等等她。
   ④ 我怎么不知道啊?
   ⑤ 我和导喜还没把作业做出来。

5. ① b　　② a　　③ a

10과

2. ① yí tàng / 派出所　② hùzhào / 报警
   ③ 批评 / yídùn　　　④ 香港 / kěxī
   ⑤ dàshǐguǎn / 申请

3. ① 来 / 去 / 还是　② 看来 / 被 / 偷走
   ③ 下个 / 还能　　　④ 只好

4. ① 我被那个故事感动了。
   ② 我参加不了今天的会议。
   ③ 今天早上我发现我的护照丢了。
   ④ 我吃不了辣的。

5. ① a　　② c　　③ b

워크북 정답

11과

2. ① zài / ne　　② xiě / 着
　 ③ cónglái / 过　④ 高 / shuài
　 ⑤ 羡慕

3. ① 才　　　　　　② 学 / 也 / 会
　 ③ 发现 / 在　　　④ 一起 / 吧 / 让

4. ① 今天早上他们才把作业交上去。
　 ② 我在听音乐呢。
　 ③ 我从来没有学过交际舞。
　 ④ 我男朋友又有头脑又有才华。

5. ① b　　② a　　③ c

12과

2. ① Guóqìng Jié / Píngyáo gǔchéng
　 ② 高铁 / sì ge xiǎoshí
　 ③ 考试结束 / huòzhě
　 ④ děi / kǎolǜ
　 ⑤ piào / 紧张

3. ① 离 / 远　　　　② 如果 / 的话 / 需要
　 ③ 直接　　　　　④ 到 / 转

4. ① 地铁站离这儿很近。
　 ② 我写的字不如他漂亮。
　 ③ 今天一点儿也不冷。
　 ④ 快到国庆节了, 可是我还没买到票。

5. ① c　　② a　　③ b

설레는 중국어와의 첫 만남

두근두근
중국어 ②

워크북

시사중국어사

1과

1. 다음 간체자를 획순에 따라 써본 후, 소리내어 읽어보세요.

亻 亻 亻 亻 亻 佢 假 假 假 假								
假	假	假	假					
一 十 卄 甘 甘 甚 其 其 期 期 期 期								
期	期	期	期					
jiàqī								

乚 乚 女 奵 好 好								
好	好	好	好					
丿 夕 久								
久	久	久	久					
hǎojiǔ								

丨 冂 冋 回 回 回								
回	回	回	回					
一 丆 冂 平 平 来 来								
来	来	来	来					
huílái								

丨 丨 日 日 旷 时 时 时								
时	时	时	时					

亻 亻 亻 亻 伫 佚 俟 候 候								
候	候	候	候					
shíhou								

方 方 方 方 扩 扩 旅 旅 旅								
旅	旅	旅	旅					

彳 彳 彳 行 行 行								
行	行	行	行					
lǚxíng								

刀 又 汉 剂 氺 矿 难 难 难								
难	难	难	难					
nán								

2. 다음 아래 병음으로 표기된 부분을 한자로, 한자로 표기된 부분을 병음으로 옮겨보세요.

❶ 好久 bú jiàn (　　　　)!

❷ 我 shì (　　　　)昨天回来 de (　　　　)。

❸ 日记(　　　　)写 wán (　　　　)了。

❹ 他 xiě de (　　　　)不好。

❺ 你说得非常(　　　　)好。

3. 빈칸을 채워 문장을 완성해 보세요.

❶ 假期(　　　　)了？ 방학에 무엇을 했니?

❷ 你是什么时候(　　　　)的？ 너는 언제 돌아왔니?

❸ 我在(　　　　)打工了。 나는 맥도날드에서 아르바이트를 했어.

❹ 我(　　　　)了，我朋友还没有(　　　　)。
나는 다 했는데 내 친구는 아직 다 하지 못했다.

❺ (　　　　)用汉语写(　　　　)。 바로 중국어를 사용해 여행일기를 쓰는 것이야.

4. 다음 한국어를 중국어로 작성해 보세요.

❶ 너의 칭찬 고마워.

➡ _____

❷ 방학숙제, 너는 다 했니?

➡ _____

❸ 나는 비행기를 타고 돌아왔습니다.

➡ _____

❹ 중국어를 잘 배우지 못했습니다.

➡ _____

5. 다음에 제시되는 문장 또는 대화문을 듣고 알맞은 표현을 찾아보세요. 🎧 01-1

❶ 我爸爸走得很快。　　　　　　　　　　　　　　　　（　　　）

a.

b.

c.

❷ 电视看完了。　　　　　　　　　　　　　　　　　　（　　　）

a.

b.

c.

❸ 我在补习班学汉语了。　　　　　　　　　　　　　　（　　　）

a.

b.

c.

2과

1. 다음 간체자를 획순에 따라 써본 후, 소리내어 읽어보세요.

兽 叁 叁 叅 参 参 参 参									
参	参	参	参						
丆 加 加 加 加									
加	加	加	加						
cānjiā									

泛 法 法 泛 法 法 法 法									
法	法	法	法						
丨 冂 冂 同 国 国 国 国									
国	国	国	国						
Fǎguó									

口 叶 叶 吽 哇 哇 哇 哇									
哇	哇	哇	哇						
wā									

一厂厂厉厉									
厉	厉	厉	厉						

宀宀宁宁宇宝害害害									
害	害	害	害						
lìhai									

丨冂冃冈因因									
因	因	因	因						

丶丿为为									
为	为	为	为						
yīnwèi									

一十十广古甘苜直直真									
真	真	真	真						
zhēn									

02 假期过得怎么样? 방학 어떻게 보냈니?

2. 아래 병음으로 표기된 부분은 한자로, 한자로 표기된 부분은 병음으로 옮겨보세요.

❶ 假期(　　　　)过得 zěnmeyàng (　　　　)?

❷ 老师, 您去了哪些地方(　　　　)?

❸ 哇(　　　　), 你真 lìhai (　　　　)!

❹ 你 tīng guo (　　　　)王老师的汉语课(　　　　)吗?

❺ 他的课有点儿(　　　　)难。

3. 빈칸을 채워 문장을 완성해 보세요.

❶ 我过得非常(　　　　)。 저는 아주 재밌게 보냈습니다.

❷ 妹妹买了(　　　　)。 여동생은 옷을 많이 샀다.

❸ (　　　　)我听过他的课。 지난 학기에 나는 그의 수업을 들어봤어.

❹ 我朋友说汉语说得(　　　　)。 내 친구는 중국어를 아주 유창하게 한다.

❺ 我弟弟(　　　　), 可是(　　　　)。
내 남동생은 똑똑하기는 똑똑한데 공부를 좋아하지 않아.

4. 다음 한국어를 중국어로 작성해 보세요.

❶ 너는 무엇 때문에 그의 수업 듣는 걸 좋아해?

➡ _____

❷ 그는 요리를 많이 먹었다.

➡ _____

❸ 그는 한자를 보기 좋게 쓴다.

➡ _____

❹ 그녀는 예쁘기는 예쁘지만, 그러나 나는 그녀를 좋아하지 않아.

➡ _____

5. 다음에 제시되는 문장 또는 대화문을 듣고 알맞은 표현을 찾아보세요.

❶ 我参加了很多国际会议。　　　　　　　　　　　　　　（　　　）

　　a.　　　　　　　　　　b.　　　　　　　　　　c.

❷ 妈妈做菜做得很好吃。　　　　　　　　　　　　　　（　　　）

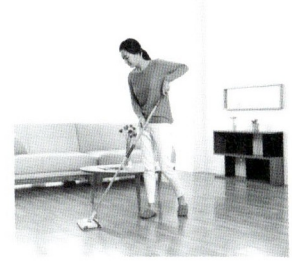

　　a.　　　　　　　　　　b.　　　　　　　　　　c.

❸ 我过得非常忙。　　　　　　　　　　　　　　　　　（　　　）

　　a.　　　　　　　　　　b.　　　　　　　　　　c.

3과

1. 다음 간체자를 획순에 따라 써본 후, 소리내어 읽어보세요.

多	多	多	多				

少	少	少	少				

duōshao

一	一	一	一				

共	共	共	共				

yígòng

陪	陪	陪	陪				

péi

一 十 才 木 本										
本	本	本	本							
一 十 才 木 术 朴 杧 栳 栳 校										
校	校	校	校							
běnxiào										

一 ナ キ 左 左										
左	左	左	左							
一 ナ 才 右 右										
右	右	右	右							
zuǒyòu										

纟 纟 纟 纟 纟 给 给 给 给										
给	给	给	给							
gěi										

03 一本多少钱? 한 권에 얼마예요?

2. 아래 병음으로 표기된 부분은 한자로, 한자로 표기된 부분은 병음으로 옮겨보세요.

　❶　服务员(　　　　) zhèr (　　　　　)有《扑通扑通汉语1》吗?

　❷　一本(　　　　) duōshao qián (　　　　)?

　❸　Péi (　　　　)我去 chāoshì (　　　　)吧!

　❹　Wúxiàn shǔbiāo (　　　　　)比 yǒuxiàn shǔbiāo (　　　　　)贵。

　❺　优惠(　　　　)以后, 一共(　　　　)153块。

3. 빈칸을 채워 문장을 완성해 보세요.

　❶　有没有(　　　　)? 할인혜택이 있습니까?

　❷　我爸爸(　　　　)我买了(　　　　　)。 우리 아빠가 나에게 컴퓨터를 한 대 사주셨어.

　❸　(　　　　)多少钱? 한 권에 얼마예요?

　❹　我爸爸(　　　　)我(　　　　)。 우리 아빠는 나보다 잘 생기셨다.

4. 다음 한국어를 중국어로 작성해 보세요.

　❶　한국어는 중국어보다 쉽다.
　➡　_____

　❷　그의 남동생은 그보다 크지 않다.
　➡　_____

　❸　무선 마우스는 유선 마우스보다 사용하기 좋니?
　➡　_____

　❹　엄마가 나에게 옷을 한 벌 사주셨다.
　➡　_____

　❺　본교 학생은 10% 할인혜택이 있습니다.
　➡　_____

5. 다음에 제시되는 문장 또는 대화문을 듣고 알맞은 표현을 찾아보세요. 🎧 03-1

❶ 我的电脑坏了。　　　　　　　　　　　　　　　　　　（　　）

a.

b.

c.

❷ 妈妈给我买了一件衣服。　　　　　　　　　　　　　　（　　）

a.

b.

c.

❸ 我妹妹不比我高。　　　　　　　　　　　　　　　　　（　　）

a.

b.

c.

4과

1. 다음 간체자를 획순에 따라 써본 후, 소리내어 읽어보세요.

夏夏夏夏夏夏夏夏夏								
夏	夏	夏	夏					
天天天天								
天	天	天	天					
xiàtiān								

已已已								
已	已	已	已					
经经经经经经经经								
经	经	经	经					
yǐjīng								

特特特特特特特特特特								
特	特	特	特					
别别别别别别别								
别	别	别	别					
tèbié								

丿 ⺂ 气 气									
气	气	气	气						

亻 亻 伫 伫 伫 佞 候 候 候									
候	候	候	候						
qìhòu									

一 十 才 木 机 机									
机	机	机	机						

人 人 会 会 会 会									
会	会	会	会						
jīhuì									

𠃌 习 习									
习	习	习	习						

忄 忄 忄 忄 忄 惯 惯 惯 惯									
惯	惯	惯	惯						
xíguàn									

2. 아래 병음으로 표기된 부분은 한자로, 한자로 표기된 부분은 병음으로 옮겨보세요.

   ❶ 今年 xiàtiān (　　　　)太热(　　　　)了。

   ❷ 今年首尔(　　　　)比北京热。

   ❸ 你在北京 xíguàn (　　　　)吗?

   ❹ 我喜欢(　　　　)北京的 qiūtiān (　　　　)。

   ❺ 你老家(　　　　)在哪儿? Qìhòu (　　　　)怎么样?

3. 빈칸을 채워 문장을 완성해 보세요.

   ❶ 北京(　　　　)太热了。 북경은 정말로 너무 더워요.

   ❷ 我(　　　　)习惯了。 나는 이미 적응이 되었어.

   ❸ 我老家是(　　　　)。 내 고향은 곤명이야.

   ❹ 今年大邱(　　　　)首尔热。 올해 대구는 서울보다 덥지 않아요.

4. 다음 한국어를 중국어로 작성해 보세요.

   ❶ 당신은 저를 좋아하세요 아니면 그녀를 좋아하세요?
   ➡ _____

   ❷ 리홍은 크리스만큼 나이가 많지 않아. (어리다.)
   ➡ _____

   ❸ 그는 외국인처럼 말한다.
   ➡ _____

   ❹ 가을의 북경은 매우 아름답지. 특히 향산의 단풍말이야.
   ➡ _____

   ❺ 곤명은 봄의 도시야. 기회가 있으면 나는 한번 가보고 싶어.
   ➡ _____

5. 다음에 제시되는 문장 또는 대화문을 듣고 알맞은 표현을 찾아보세요. 🎧 04-1

❶ 你想买大衣还是毛衣? （　　）

a.

b.

c.

❷ 这个苹果没有那个苹果大。 （　　）

a.

b.

c.

❸ 一年四季都像春天一样。 （　　）

a.

b.

c.

5과

1. 다음 간체자를 획순에 따라 써본 후, 소리내어 읽어보세요.

学 学 学 学 学 学 学 学									
学	学	学	学						
期 十 廿 甘 甘 其 其 其 期 期 期 期									
期	期	期	期						
xuéqī									

每 冇 仁 勾 每 每 每									
每	每	每	每						
天 天 天 天									
天	天	天	天						
měitiān									

挺 扌 扌 扌 扌 扌 扌 挺 挺									
挺	挺	挺	挺						
tǐng									

一 二 于 开									
开	开	开	开						
乙 女 女 妈 妈 始 始 始									
始	始	始	始						
kāishǐ									

丶 冫 氵 艹 艹 冲 准 准 准									
准	准	准	准						
丿 久 久 冬 各 各 备 备									
备	备	备	备						
zhǔnbèi									

彳 彳 彳 彳 彳 得 得 得 得									
得	得	得	得						
děi									

05 我选了七门课。나는 일곱 과목을 선택했어.

2. 아래 병음으로 표기된 부분은 한자로, 한자로 표기된 부분은 병음으로 옮겨보세요.

❶ 这个 xuéqī (　　　　　)你选了几门(　　　　　)课?

❷ Cóng (　　　　　)星期一 dào (　　　　　)星期四有课。

❸ 从星期四 kāishǐ (　　　　　)要学习汉语。

❹ 我 děi (　　　　　)做作业。

❺ 我朋友 néng (　　　　　)教(　　　　　)我汉语。

3. 빈칸을 채워 문장을 완성해 보세요.

❶ 这个学期你挺轻松的(　　　　　)！이번 학기에 너는 정말 부담이 없겠구나!

❷ 你(　　　　)知道我(　　　　)拉二胡?
　너는 내가 얼후를 연주할 수 있다는 것을 어떻게 알았니?

❸ 我(　　　　)她这个学期挺(　　　　)的。
　나는 그녀가 이번 학기에 정말 부담이 없겠다고 느꼈다.

❹ 星期五下午(　　　　)教我(　　　　)二胡。
　금요일 오후에 나에게 얼후 연주하는 것을 가르쳐 줄 수 있다.

4. 다음 한국어를 중국어로 작성해 보세요.

❶ 이번 학기에 나는 일곱 과목을 선택했다.

➡ _____

❷ 우리 누나가 너에게 김치 담그는 것을 가르쳐 줄 수 있다.

➡ _____

❸ 나는 중국어 시험을 준비해야 해.

➡ _____

❹ 그는 금요일은 오전 9시부터 12시까지 수업이 있다고 말했다.

➡ _____

5. 다음에 제시되는 문장 또는 대화문을 듣고 알맞은 표현을 찾아보세요. 🎧 05-1

❶ A 下课以后，你做什么？
　 B 我去学拉二胡。　　　　　　　　　　　　　　　　　　　　（　　　）

a.

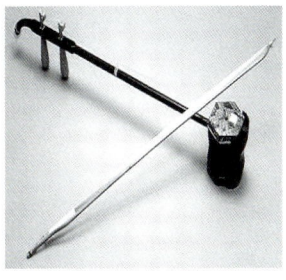
b.

c.

❷ A 从什么时候开始学汉语？
　 B 我们从星期四开始学汉语。　　　　　　　　　　　　　　　（　　　）

a.

b.

c.

❸ A 你能来我家吗？
　 B 对不起，我很忙。我不能去你家。　　　　　　　　　　　　（　　　）

a.

b.

c.

6과

1. 다음 간체자를 획순에 따라 써본 후, 소리내어 읽어보세요.

苍苍苍苍苍苍苍									
苍	苍	苍	苍						
白白白白白									
白	白	白	白						
cāngbái									

舒舒舒舒舒舒舒舒舒舒舒舒									
舒	舒	舒	舒						
服服服服服服服服									
服	服	服	服						
shūfu									

扶扶扶扶扶扶扶									
扶	扶	扶	扶						
fú									

小小小									
小	小	小	小						

心心心心									
心	心	心	心						

xiǎoxīn

感感感感感感感感感感感感									
感	感	感	感						

冒冒冒冒冒冒冒冒冒									
冒	冒	冒	冒						

gǎnmào

药药药药药药药药药									
药	药	药	药						

yào

2. 아래 병음으로 표기된 부분은 한자로, 한자로 표기된 부분은 병음으로 옮겨보세요.

   ❶ 我肚子(_____)不 shūfu (_____)。

   ❷ 什么时候(_____) kāishǐ (_____)的?

   ❸ 旅行(_____)回来以后，我 gǎnmào (_____)了。

   ❹ 你能扶(_____)我下去吗?

   ❺ 吃完 yào (_____)，在宿舍(_____)休息(_____)了一天。

3. 빈칸을 채워 문장을 완성해 보세요.

   ❶ 你(_____)? 脸色(_____)苍白。너 무슨 일이야? 얼굴색이 이렇게 창백하다니.

   ❷ (_____)今天早上(_____)的。오늘 아침부터 시작되었어.

   ❸ 你今天(_____)没来上课? 너 오늘 왜 수업 들으러 안 왔어?

   ❹ 我(_____)很疼,(_____)也很疼,(_____)不舒服。
   나는 목이 매우 아프고 머리도 매우 아파. 온몸이 아파.

4. 다음 한국어를 중국어로 작성해 보세요.

   ❶ 그의 딸은 점점 예뻐져.
   ➡ _____

   ❷ 너는 나와 돌아갈 수 있니?
   ➡ _____

   ❸ 나는 기숙사에서 하루를 쉬었더니 지금은 많이 좋아졌다.
   ➡ _____

   ❹ 내일 나는 수업 들으러 갈 수 있어. 학교에서 보자.
   ➡ _____

   ❺ 나는 온몸이 불편했다. 감기에 걸린 것 같았다.
   ➡ _____

5. 다음에 제시되는 문장 또는 대화문을 듣고 알맞은 표현을 찾아보세요. 🎧 06-1

❶ 肚子越来越疼了。　　　　　　　　　　　　　　　　（　　　）

a.

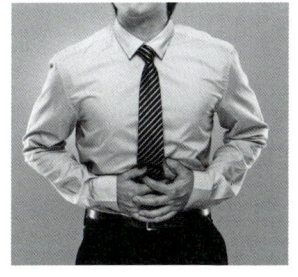
b.

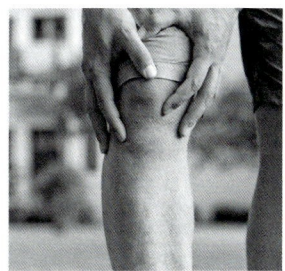
c.

❷ 你能扶我下去吗?　　　　　　　　　　　　　　　　（　　　）

a.

b.

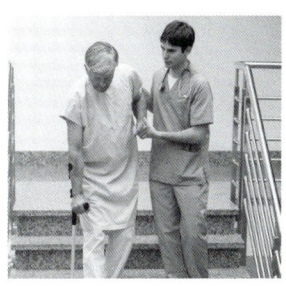
c.

❸ 我在银行工作了五年。　　　　　　　　　　　　　　（　　　）

a.

b.

c.

7과

1. 다음 간체자를 획순에 따라 써본 후, 소리내어 읽어보세요.

住住住住住住住									
住	住	住	住						

院院院院院院院院院									
院	院	院	院						

zhùyuàn

打打打打打									
打	打	打	打						

针针针针针针针									
针	针	针	针						

dǎzhēn

疼疼疼疼疼疼疼疼疼疼									
疼	疼	疼	疼						

téng

一厂厂厂厅后咸咸咸感感感

感 感 感 感

丶丷兴兴兴兴觉觉觉

觉 觉 觉 觉

gǎnjué

丿 刀 月 月 月 肚 肚 肚

肚 肚 肚 肚

了 了 子

子 子 子 子

dùzi

⺭ ⺭ ⺭ ⺭ 祝 祝 祝 祝 祝

祝 祝 祝 祝

zhù

2. 아래 병음으로 표기된 부분은 한자로, 한자로 표기된 부분은 병음으로 옮겨보세요.

　❶ 听说你 zhùyuàn (　　　　　)了。你住院住得惯(　　　　　)吗?

　❷ 祝你 zǎorì kāngfù (　　　　　)出院(　　　　　)!

　❸ Suīrán (　　　　　)肚子还是疼, dànshì (　　　　　)好多了。

　❹ Chīyào (　　　　　)就 kěyǐ (　　　　　)了。

　❺ 从今天开始 不用(　　　　　) dǎzhēn (　　　　　)了。

3. 빈칸을 채워 문장을 완성해 보세요.

　❶ 我朋友(　　　　　)韩国菜。 내 친구는 한국음식 먹는 것이 익숙해 졌다.

　❷ 这种衣服我们(　　　　　)。 우리들은 이런 종류의 옷을 입는 것이 익숙하지 않다.

　❸ 我们(　　　　　)回家了。 우리들은 집에 돌아갈 수가 있었다.

　❹ 每天吃(　　　　　), 一次吃(　　　　　)。 매일 세 번, 한 번에 두 알씩 드세요.

4. 다음 한국어를 중국어로 작성해 보세요.

　❶ 그들은 중국차 마시는 것에 익숙해졌다.

　➡ _____

　❷ 매일 몇 번 먹습니까? 매일 두 번입니다.

　➡ _____

　❸ 오늘은 주사를 맞을 필요가 없으며, 약만 먹으면 된다.

　➡ _____

　❹ 비록 배가 여전히 아프지만, 그러나 많이 좋아졌다.

　➡ _____

7과

5. 다음에 제시되는 문장 또는 대화문을 듣고 알맞은 표현을 찾아보세요. 🎧 07-1

❶ 虽然天气不太冷，但是我感冒了。　　　　　　　　　　　（　　　）

　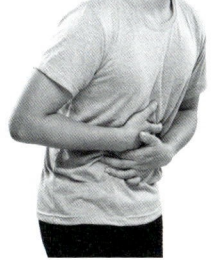　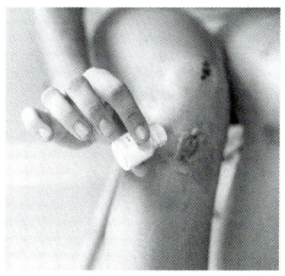

　　　a.　　　　　　　　　b.　　　　　　　　　c.

❷ 她还不知道什么时候可以出院。　　　　　　　　　　　（　　　）

　　　a.　　　　　　　　　b.　　　　　　　　　c.

❸ 还得吃一个星期。每天吃两次，一次三片。　　　　　　（　　　）

하루 2번　　　　하루 2번　　　　하루 1번

　　　a.　　　　　　　　　b.　　　　　　　　　c.

07 我住院了。나는 병원에 입원했어. **29**

8과

1. 다음 간체자를 획순에 따라 써본 후, 소리내어 읽어보세요.

同	同	同	同						
意	意	意	意						

tóngyì

建	建	建	建						
议	议	议	议						

jiànyì

等	等	等	等						

děng

夂 夂 夂 各 各 各									
各	各	各	各						
自 自 自 自 自 自									
自	自	自	自						
gèzì									

一 厂 丌 斤 耳 耳 取 取 聚 聚 聚 聚 聚									
聚	聚	聚	聚						
餐 餐 餐 餐 餐 餐 餐 餐 餐 餐 餐 餐 餐 餐 餐 餐									
餐	餐	餐	餐						
jùcān									

躺 躺 躺 躺 躺 躺 躺 躺 躺 躺 躺 躺 躺 躺 躺									
躺	躺	躺	躺						
tǎng									

08 我们请她吃饭吧。우리는 그녀를 초대해서 밥을 먹자.

2. 아래 병음으로 표기된 부분은 한자로, 한자로 표기된 부분은 병음으로 옮겨보세요.

   ❶ 导喜 chūyuàn (　　　　) 了。

   ❷ 我现在就给她 dǎ diànhuà (　　　　　)。

   ❸ 我们在 cāntīng (　　　　) 门口等 (　　　　) 着你呢。

   ❹ 今天我们 jùcān (　　　　)。

   ❺ 我 tǎngzhe (　　　　) 看电视 (　　　　) 呢。

3. 빈칸을 채워 문장을 완성해 보세요.

   ❶ (　　　　) 到了。她 (　　　　) 我们先点菜。
   곧 도착해. 그녀가 우리에게 먼저 주문하라고 시켰어.

   ❷ 对不起，我 (　　　　) 就 (　　　　)。 미안해, 나 곧 도착해.

   ❸ (　　　　)，你们 (　　　　) 点菜吧。 그럴 필요 없어. 너희들은 먼저 들어가서 요리를 주문해.

   ❹ (　　　　) 我们 (　　　　) 给朋友们打电话。 그리하여 우리는 각자 친구들에게 전화를 걸었다.

4. 다음 한국어를 중국어로 작성해 보세요.

   ❶ 그는 서서 음악을 듣고 있다.
   ➡ _____

   ❷ 나는 도희를 초대해서 영화를 보고 싶다.
   ➡ _____

   ❸ 아빠는 남동생에게 엄마한테 가서 좀 물어보라고 시켰다.
   ➡ _____

   ❹ 나는 지금 막 숙제를 하고 있었어.
   ➡ _____

   ❺ 그녀는 한창 오고 있다고 말했고, 우리에게 먼저 들어가서 요리를 주문하라고 시켰다.
   ➡ _____

5. 다음에 제시되는 문장 또는 대화문을 듣고 알맞은 표현을 찾아보세요. 08-1

❶ 我躺着看电视呢。　　　　　　　　　　　　　　　　　（　　　）

　　　　a.　　　　　　　　　　b.　　　　　　　　　　c.

❷ 我请他喝咖啡。　　　　　　　　　　　　　　　　　　（　　　）

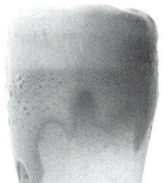　

　　　　a.　　　　　　　　　　b.　　　　　　　　　　c.

❸ 她让我们先点菜。　　　　　　　　　　　　　　　　　（　　　）

　　　　a.　　　　　　　　　　b.　　　　　　　　　　c.

9과

1. 다음 간체자를 획순에 따라 써본 후, 소리내어 읽어보세요.

相	十	才	木	札	相	相	相	相		
相	相	相	相							
信	亻	仁	仁	仨	信	信	信			
信	信	信	信							

xiāngxìn

刚	冂	冈	冈	刚	刚					
刚	刚	刚	刚							
一	十	才								
才	才	才	才							

gāngcái

把	十	扌	把	把	把	把				
把	把	把	把							

bǎ

乛 刁 尸 尺 沢 迟 迟									
迟	迟	迟	迟						

一 厶 云 至 至 到 到									
到	到	到	到						
chídào									

丶 亠 广 广 应 应 应									
应	应	应	应						

丶 讠 讠 讠 讠 该 该 该									
该	该	该	该						
yīnggāi									

丿 人 八 八 合 合 合 拿 拿 拿									
拿	拿	拿	拿						
ná									

09 我把菜点好了。나는 요리를 다 주문했어.

2. 아래 병음으로 표기된 부분은 한자로, 한자로 표기된 부분은 병음으로 옮겨보세요.

❶ 我把(　　　　)菜点 hǎo (　　　　)了。

❷ 她刚才(　　　　)发来 duǎnxìn (　　　　)，叫(　　　　)我们先(　　　　)吃饭。

❸ 我们一边(　　　　)吃，一边 děng (　　　　)她吧！

❹ 刚才我 chídào (　　　　)了。我请(　　　　)大家喝咖啡。

❺ Yóuyú (　　　　)路上 dǔ de (　　　　)很，导喜还没到。

3. 빈칸을 채워 문장을 완성해 보세요.

❶ 他们(　　　)课文(　　　　)了。 그들은 본문을 다 배웠다.

❷ 妈妈(　　　)我(　　　　)。 엄마는 나에게 일어나라고 했다.

❸ 我(　　　)拿(　　　)。 내가 가서 가지고 오겠습니다.

❹ 我(　　　)做(　　　)了。 나는 이미 다 해내었어.

4. 다음 한국어를 중국어로 작성해 보세요.

❶ 우리는 책을 보면서, 커피를 마신다.

➡ _____

❷ 내 친구는 선물을 다 샀다.

➡ _____

❸ 우리는 그녀를 좀 더 기다리기로 결정했다.

➡ _____

❹ 나는 왜 모르지?

➡ _____

❺ 나와 도희는 숙제를 아직 다 해내지 못했다.

➡ _____

5. 다음에 제시되는 문장 또는 대화문을 듣고 알맞은 표현을 찾아보세요.

❶ A 他怎么还不来?
　B 现在是高峰期，路上堵得很。　　　　　　　　　　　(　　　)

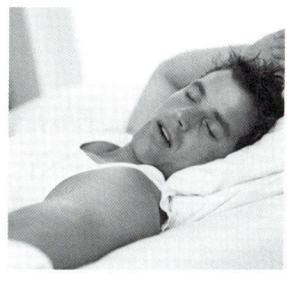

　　　　a.　　　　　　　　　　b.　　　　　　　　　　c.

❷ 我去把我的书包拿过来。　　　　　　　　　　　　　　(　　　)

　　　　a.　　　　　　　　　　b.　　　　　　　　　　c.

❸ 老师给我们留了作业。　　　　　　　　　　　　　　　(　　　)

　　　　a.　　　　　　　　　　b.　　　　　　　　　　c.

10과

1. 다음 간체자를 획순에 따라 써본 후, 소리내어 읽어보세요.

护 扩 扩 扩 护 护 护								
护	护	护	护					

照 照 照 照 照 照 照 照 照 照 照 照 照								
照	照	照	照					
hùzhào								

小 小 小								
小	小	小	小					

偷 偷 偷 偷 偷 偷 偷 偷 偷 偷 偷								
偷	偷	偷	偷					
xiǎotōu								

丢 丢 丢 丢 丢 丢								
丢	丢	丢	丢					
diū								

批十扌扌批批批									
批	批	批	批						
评讠讠评评评评									
评	评	评	评						
pīpíng									

申丨冂冃日申									
申	申	申	申						
请讠讠讠请请请请请									
请	请	请	请						
shēnqǐng									

趟 趟 趟 走 走 走 趟 趟 趟 趟 趟									
趟	趟	趟	趟						
tàng									

2. 아래 병음으로 표기된 부분은 한자로, 한자로 표기된 부분은 병음으로 옮겨보세요.

   ❶ 你能陪我去一趟(   ) pàichūsuǒ (   )吗?

   ❷ 我的护照(   )丢了，我得 bàojǐng (   )。

   ❸ 我被妈妈 pīpíng (   )了一顿(   )。

   ❹ 这次去不了 Xiānggǎng (   )，多可惜(   )啊！

   ❺ 我已经向大使馆(   ) shēnqǐng (   )了护照。

3. 빈칸을 채워 문장을 완성해 보세요.

   ❶ 找(   )找(   )，(   )找不到。
   이리저리 찾아보았지만 그러나 여전히 찾을 수 없었다.

   ❷ (   )，你的护照(   )小偷(   )了。
   보아하니, 네 여권은 소매치기에게 도둑맞은 것일거야.

   ❸ 那你(   )星期(   )去香港吗?
   그럼 너 그래도 다음 주에 홍콩에 갈 수 있겠어?

   ❹ 我(   )去派出所报警。 나는 파출소에 가서 신고할 수밖에 없었다.

4. 다음 한국어를 중국어로 작성해 보세요.

   ❶ 나는 그 이야기에 감동받았다.

   ➡ _____

   ❷ 나는 오늘 회의에 참석할 수 없다.

   ➡ _____

   ❸ 오늘 아침에 나는 내 여권을 잃어버렸다는 것을 알아차렸다.

   ➡ _____

   ❹ 나는 매운 것을 못 먹는다.

   ➡ _____

5. 다음에 제시되는 문장 또는 대화문을 듣고 알맞은 표현을 찾아보세요. 🎧 10-1

❶ 我的护照被小偷偷走了。　　　　　　　　　　　　　　（　　　）

a.

b.

c.

❷ 他向教室跑去。　　　　　　　　　　　　　　　　　　（　　　）

a.

b.

c.

❸ 我喝不了啤酒。　　　　　　　　　　　　　　　　　　（　　　）

a.

b.

c.

11과

1. 다음 간체자를 획순에 따라 써본 후, 소리내어 읽어보세요.

人 个 会 会 会 会								
会	会	会	会					
丨 贝 贝 贝 员 员 员								
员	员	员	员					
huìyuán								

丁 力 加 加 加								
加	加	加	加					
ノ 入								
入	入	入	入					
jiārù								

一 十 扌 扣 招 招 招 招								
招	招	招	招					
zhāo								

乛 ㇈ 劝 欢 欢 欢									
欢	欢	欢	欢						
⺈ 匚 巨 印 叩 迎 迎									
迎	迎	迎	迎						
huānyíng									

一 二 专 专									
专	专	专	专						
丨 丨丨 业 业 业									
业	业	业	业						
zhuānyè									

让 让 让 让 让									
让	让	让	让						
ràng									

11 我加入社团了。나는 동아리에 가입했어.

2. 아래 병음으로 표기된 부분은 한자로, 한자로 표기된 부분은 병음으로 옮겨보세요.

   ❶ 你在(_____)看什么呢(_____)?

   ❷ 海报上写(_____) zhe (_____)什么?

   ❸ 我从来(_____)没有学 guo (_____)。

   ❹ 后面的那位又 gāo(_____)又帅(_____)。

   ❺ 克里斯很 xiànmù (_____)他。

3. 빈칸을 채워 문장을 완성해 보세요.

   ❶ 他明年(_____)毕业。 그는 내년에야 겨우 졸업을 한다.

   ❷ (_____)了一个学期(_____)没学(_____)。
   한 학기를 배웠어도 할 수 없어.

   ❸ 我(_____)交际舞社团(_____)招会员。
   나는 사교댄스 동아리에서 회원을 모집하고 있는 것을 발견했다.

   ❹ 我们(_____)加入(_____)! (_____)我想想。
   우리 같이 가입하자! 내가 한번 생각 좀 해 볼게.

4. 다음 한국어를 중국어로 작성해 보세요.

   ❶ 그들은 오늘 아침에서야 겨우 숙제를 제출했다.

   ➡ _____

   ❷ 나는 음악을 듣고 있다.

   ➡ _____

   ❸ 나는 사교댄스를 배워본 적이 없다.

   ➡ _____

   ❹ 내 남자친구는 머리도 있고 재능도 있다.

   ➡ _____

5. 다음에 제시되는 문장 또는 대화문을 듣고 알맞은 표현을 찾아보세요. 🎧 11-1

❶ A 你在看什么呢?
　 B 我在看海报呢。　　　　　　　　　　　　　　　　（　　　）

a.

b.

c.

❷ A 你会不会跳交际舞?
　 B 学了一个学期也学不会。　　　　　　　　　　　　（　　　）

a.

b.

c.

❸ A 后边的那位又高又帅。
　 B 我很羡慕他。　　　　　　　　　　　　　　　　　（　　　）

a.

b.

c.

12과

1. 다음 간체자를 획순에 따라 써본 후, 소리내어 읽어보세요.

需	需	需	需						
要	要	要	要						
xūyào									

直	直	直	直						
接	接	接	接						
zhíjiē									

离	离	离	离						
lí									

紧紧紧紧紧紧紧紧紧									
紧	紧	紧	紧						
张张张张张张张									
张	张	张	张						
jǐnzhāng									

放放放放放放放放									
放	放	放	放						
假假假假假假假假假假假									
假	假	假	假						
fàngjià									

远远远远远远远									
远	远	远	远						
yuǎn									

2. 아래 병음으로 표기된 부분은 한자로, 한자로 표기된 부분은 병음으로 옮겨보세요.

❶ 这个国庆节(　　　　)我打算去平遥古城(　　　　　　)。

❷ 坐 gāotiě(　　　　　)坐四个小时(　　　　)。

❸ 期末kǎoshì jiéshù(　　　　　　)之后或者(　　　　　)开学之前去，怎么样?

❹ 我得(　　　　)好好考虑(　　　　)一下。

❺ 票(　　　　)一点儿也不 jǐnzhāng(　　　　　)。

3. 빈칸을 채워 문장을 완성해 보세요.

❶ 平遥(　　　　)北京(　　　　)吗? 평요는 북경에서 머니?

❷ (　　　　)坐火车(　　　　)，(　　　　)十二个小时。
만일 기차를 타면 12시간이 걸려.

❸ 坐火车(　　　　)到平遥古城吗? 기차를 타면 곧장 평요 고성에 도착하는 거야?

❹ (　　　　)火车站以后还得(　　　　)公共汽车。
기차역에 도착한 이후 또 버스로 갈아타야 해.

4. 다음 한국어를 중국어로 작성해 보세요.

❶ 지하철역은 이곳에서 매우 가깝다.

→ _____

❷ 내가 쓴 글자는 그가 쓴 것보다 예쁘지 않다.

→ _____

❸ 오늘은 전혀 춥지 않다.

→ _____

❹ 국경절이 곧 다가온다. 그런데 나는 아직 표를 사지 못했다.

→ _____

5. 다음에 제시되는 문장 또는 대화문을 듣고 알맞은 표현을 찾아보세요. 🎧 12-1

❶ 公司离我家很远。　　　　　　　　　　　　　　　　（　　　）

a.

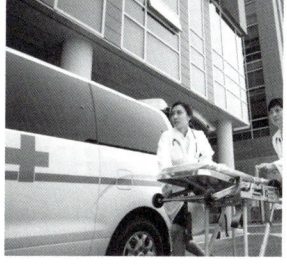
b.

c.

❷ 那不如坐高铁去。　　　　　　　　　　　　　　　　（　　　）

a.

b.

c.

❸ 火车票一点儿也不紧张　　　　　　　　　　　　　　（　　　）

a.

b.

c.